6288. T.

HISTOIRE DE LA S^{TE} ECRITVRE DU VIEIL ET DU NOUVEAU TESTAMENT,

en forme de
CATECHISME.

Traduite de l'Anglois.

Reveuë & corrigée.

Par LOUIS VENDOSME, Pere, demeurant à Paris, dans la Court du Palais, proche Monseigneur le Premier Président, au Sacrifice d'Abraham.

M. DC. LXXVIII.

L'HISTOIRE
DE LA
SAINTE ESCRITVRE
en forme de Catechisme.

DEMAMDE.

Qu'est-ce que la Religion?

RESPONSE.

C'est le lien qui reünit & qui lie les hommes pecheurs avec Dieu.

D. Comment sommes-nous décheus de la grace de Dieu?

R. Par le peché. Esa. 59. 2. Rom. 5. 12.

D. Par quel moyen sommes nous reconciliez avec Dieu?

R. Par la Justice de Christ, qui est le second Adam. Rom. 5. 10. 21.

D. Où trouves-tu cela?

R. En la Bible.

D. Qu'est-ce que la Bible?

R. C'est une Escriture inspirée de Dieu, qui nous rend sages à salut par la foy en Jesus-Christ, qui est profitable à enseigner, à corriger, à convaincre, & à instruire en Justice, afin que l'homme de Dieu soit accompli & appareillé à toute bonne œuvre. 2. Tim. 3. 15. 16. & 17.

D. Pourquoy est-ce que la Sainte Escriture est appellée Bible, quoy que ce soit un Nom commun aux autres Livres?

R. Parce que c'est un livre par dessus les autres livres, qui ne sont rien en comparaison de celuy-là.

D. En combien de parties se divise la Bible?

R. En deux, qui sont le vieil & le nouveau Testament. Gal. 4. 24.

D. Combien le vieux Testament a-t-il de parties?

R. Deux, la Loy & les Prophetes. Matt. 7. 12.

D. Qui a escrit la Loy?

R. Moyse.

D. En combien de livres?

R. En cinq.

D. Comment appelle-t-on le premier livre?

R. Les Grecs l'ont appellé Genese, qui signifie naissance ou origine.

D. Pourquoy l'appelle-t-on ainsi?

R. Parce qu'il contient en soy le commencement & l'origine de toutes choses.

D. Comment ce livre est-il divisé?

R. En trois parties. Premierement il traite de ce qui s'est passé depuis la Creation du Monde jusques au Deluge. Secondement depuis le Deluge jusques au temps d'Abraham, & en troisiéme lieu depuis Abraham jusques à la mort de Joseph.

D. En combien d'années s'est passé tout cela?

R. Depuis la Creation du Monde jusques à la Mort de Joseph on compte 2368. ans.

D. Que peut-on recüeillir de considerable dans ce livre?

R. On y void la Creation de toutes choses, la cheute & le restablissement du Genre humain, sa punition à cause du peché, la Conservation de Noé dans le Deluge, l'Alliance de Dieu avec Abraham & sa posterité, le peché & la punition des Sodomites, & singulierement la promesse du Messie & du Sauveur Jesus-Christ, qui est le fondement de nostre foy.

D. Quel profit singulier retires-tu de ce livre?

R. C'est que je sçay qu'il y a un vray Dieu, lequel a tout creé par sa parole, & que rien n'arrive à l'advanture, mais qu'il sçait tout qu'il peut tout, qu'il conserve, qu'il gouverne, & qu'il conduit toutes choses selon sa sainte & bonne volonté.

A

D. Comment devons-nous lire & mediter la parole de Dieu ?
R. Avec un Esprit rassis & humble, une Ame douce & paisible, un cœur fidele, un entendement esclairé.
D. Qui a creé le Monde ?
R. Dieu.
D. Dequoy l'a-t-il creé ?
R. De rien. Rom. 4. 17.
D. Par qui l'a-t-il formé ?
R. Par sa Parole. Heb. 11. 3.
D. En combien de jours ?
R. En six.
D. Combien de choses doit-on remarquer singulierement sur chacun de ces six jours.
R. Trois choses. 1. le Commandement de Dieu comme du Juge superieur du Monde. 2. L'accomplissement de ce Commandement. 3. Ce qui est dit, que Dieu vid que tout ce qu'il avoit fait estoit bon.
D. Qu'y a-t-il de singulier à apprendre de cela ?
R. Que le premier article de nostre foy est confirmé dans ce premier chapitre.
D. Qu'est-ce que Dieu fit au premier jour ?
R. Le Ciel, la Terre, & la Lumiere.
D. Et le second jour ?
R. L'estenduë des Cieux & la separation des Eaux d'enhaut d'avec celles d'embas.
D. Que crea-t-il au troisième jour ?
R. La Mer, le sec, l'herbe & les Arbres.
D. Et au quatriéme ?
R. Le Soleil, la Lune & les Estoiles.
D. Et au cinquiéme.
R. Les oiseaux de l'air, & les poissons de la Mer.
D. Et au sixiéme ?
R. Tous les animaux, les bestes & les reptiles, & enfin l'homme, auquel il donna seigneurie & puissance sur toutes ses Creatures. Ps. 8.
D. Que fit-il au septiéme jour ?
R. Il se reposa, il benit & il sanctifia le septiéme jour pour estre le jour du sabbath. Gen.c.2.
D. Que veut dire ce mot de sabbath ?
R. Jour de repos.
D. Que devons nous faire dans ce jour du sabbath ?
R. Nous reposer de nostre travail, & sur tout de nos pechez, nous assembler pour loüer Dieu, mediter ses œuvres, & nous attacher à des fonctions de pieté & de sainteté.
D. Dequoy est-ce qu'Adam a esté fait ?
R. D'une motte de terre, Dieu ayant soufflé dans les narines de l'homme la respiration de vie, par laquelle il fut fait en Ame vivante.
D. De quoy fut faite la femme ?
R. D'une des costes d'Adam.
D. Comment la nomma-t-il ?
R Eve.
D. En quel lieu est-ce que Dieu leur assigna une demeure ?
R. Au Jardin d'Eden.
D. Que leur avoit-il ordonné de faire ?
R. De le cultiver & de le garder.
D. Que leur avoit il deffendu ?
R. De ne manger point du fruict de l'arbre de science de bien & de mal. (Gen. cap. 3.)
D. Ont ils observé ce Commandement ?
R. Non, mais ils mangerent du fruict de cet arbre.
D. Qu'est-ce que l'Eternel leur fit pour avoir violé son Commandement ?
R. Il les punit & les maudit.
D. Qui sont ceux lesquels il a puni ?
R. Adam, Eve, & le Serpent.
D. Pourquoy a-t-il maudit le Serpent, quoy qu'il n'en eut point mangé ?
R. Parce qu'il avoit seduit la femme pour luy en faire manger.
D. Faut-il que tout le Genre humain & toutes les Creatures demeurent sous cette malediction ?
R. Non, car Dieu promet que la semence de la femme briseroit la teste du Serpent.
D. Qu'elle estoit cette semence de la femme ?
R. Jesus-Christ.
D. Quelle est la cause efficiente de nostre salut ?
R. C'est Dieu par son Amour.
D. Par quel moyen nous a-t-il esté acquis ?
R. Par la Mort & Passion de nostre Seigneur Jesus-Christ.
D. Comment pouvons-nous comprendre cela ?
R. Par la foy.
D. Quelle est la fin à laquelle il faut raporter le salut ?
R Il le faut raporter à loüer Dieu, & à luy rendre nos Actions de Graces.
D. Comment est-ce que cela se fait dans ce Monde.
R. En le servant.
D. Et comment se fera-t-il dans le siecle à venir ?
R. En ce que nous serons faits heureux avec luy, & en ce que nous le loüerons, nous l'exalterons, & nous le glorifierons eternellement.
D. Comment est-ce qu'Adam appella sa femme ?
R. Il l'appella Eve, pource qu'elle avoit cru à la promesse, & qu'elle estoit la Mere des vivants.
D. Où est-ce que Dieu establit la demeure d'Adam & d'Eve apres qu'ils furent punis ?

Sainte Ecriture.

R. Parmi le Monde. (Gen. cap. 3.)
D. Quels enfans eurent-ils?
R. Cain & Abel.
D. Comment ont ils esté eslevez?
R. En la crainte de Dieu.
D. Ont-ils servi Dieu?
R. Oüy.
D. Ont-ils tous deux servi Dieu en pureté?
R. Non. Abel servoit Dieu en foy, mais Cain ne le servoit qu'en Hypocrisie. Hebr. 11. 4.
D. Qui est-ce qui le destourna de son devoir?
R. Le Diable, qui induisit Cain à tuer son frere Abel.
D. Cain tua t-il donc son frere Abel?
R. Oüy.
D. Et pourquoy le tua t'il?
R. Ce fut par la jalousie qu'il eut de voir que l'offrande d'Abel estoit agreable à Dieu, & non pas la sienne.
D. Que fit Dieu à Cain pour avoir tué son frere?
R. Il le maudit.
D. Dieu a-t-il retiré par cette malediction toutes les Graces & les dons qu'il avoit donnez à Cain & à sa Posterité, aussi bien que la Grace d'Enfant de Dieu.
R. Non, car Cain bastit la premiere ville, & Jubal fut le Pere des Joüeurs de violons & d'instrumens, & Tubal fut Forgeurs & l'inventeur des metaux, comme de tous instrumens d'airain & de fer, & Jabal fut le premier qui habita dans les tentes, & dans les tabernacles. Ils eurent ces dons, mais ils furent rejettez & maudits.
D. Puis que Cain estoit maudit, & qu'Abel avoit esté tué, qui est-ce que Dieu a suscité pour son service?
R. Seth.
D. Dis moi les Peres qui ont esté devant le Deluge?
R. Adam, Seth, Enos, Kenan, Mehalaleel Jared, Henoch, Methusçela, Lamech, & Noé. (Gen. cap. 5.)
D. Qui est l'homme qui a le plus vescu?
R. Methusçela.
D. Combien a-t il vescu?
R. Neuf cens soixante neuf ans.
D. Qu'est-il dit d'Henoch?
R. Comme il a vescu devant Dieu, quelle a esté sa fin, & comme il a esté enlevé de la terre au Ciel.
D. Combien y en a t-il eu qui ont esté enlevez au Ciel comme luy?
R. Deux, Elie, & Jesus Christ.
D. En quel temps ont ils esté enlevez?
R. Enoch devant la Loy, Elie sous la Loy, & Jesus Christ au temps de l'Evangile.

D. Pourquoy ont-ils esté ainsi enlevez?
R. Enoc & Elie pour estre des types & des figures; Et Jesus Christ pour estre les premices de nostre Resurrection, pour nous servir de tesmoignage que nous ressusciterons en Corps & en Ame, & que nous converserons avec Dieu; & pour nous monstrer que la foy est le chemin de la vie.
D. La vraye Religion a-t-elle toûjours esté conservée des successeurs de Seth?
R. Non.
D. En quel temps a-t-elle discontinué?
R. Au temps d'Henos. (Gen. cap. 6.)
D. En quoy pouvoit on connoistre que la Religion avoit discontinué?
R. En ce que les fils de Dieu regarderent la Beauté des filles des hommes, & prindrent à femme celles qu'ils voulurent?
D. Qui estoient les fils de Dieu?
R. Les Descendans de Seth.
D. Quelles estoient les filles des hommes?
R. La Posterité de Cain.
D. Qu'est-il né de ces Mariages?
R. des Puissants, des Gens de renom, & des Tyrans.
D. Quelle étoit leur vie, & leur façon de faire?
R. Ils estoient depravez, cruels & méchans.
D. Comment est-ce que Dieu a chastié ce peuple depravé & corrompu.
R. Il les a inondé & noyé.
D. En avoient ils esté advertis?
R. Oüy, l'espace de cent ans.
D. Tout le Monde a-t-il esté noyé?
R. Non.
D. Qui sont ceux qui ont esté conservez?
R. Noé, sa femme, ses fils, & les femmes de ses fils. (Gen. cap. 7.)
D. Où, & comment furent ils conservez?
R. En l'Arche.
D. Est-ce donc l'Arche qui les a conservez?
R. Non, mais Dieu qui les y avoit enfermés.
D. Combien de temps plût-il?
R. Quarante jours & quarante nuits.
D. Combien demeurerent les Eaux sur la face de la terre?
R. Cent cinquante jours.
D. Quels messagers est-ce que Noé envoya hors de l'Arche apres que les Eaux furent écoulées?
R. Un Corbeau & trois Colombes.
D. Lequel apporta les meilleurs nouvelles?
R. La Colombe, qui apporta la feüille d'olive en son bec.
D. Noé sortit-il tout aussi tost de l'Arche quand l'Eau fut écoulée?
R. Non, il y demeura encore sept jours, puis il sortit dehors par le Commandement de Dieu.

D. Que fit Noé d'abord qu'il fut sorti de l'Arche ?
R. Il offrit des Holocaustes sur l'Autel.
D. Son Holocauste fut elle agreable à l'Eternel ?
R. Oüy.
D. Comment le sçais tu ?
R. Parce que Dieu promit qu'il n'arriveroit plus de Deluge sur la Terre qui l'endommageast.
D. Quelle asseurance donna-t-il de cette sienne promesse ?
R. Il mit son Arc en la Nuée pour signe de son alliance.
D. Que fit Noé apres cela ?
R. Il planta la vigne, & s'enyvra.
D. Comment se comporterent ses fils pendant qu'il fut yvre ?
R. Cham se mocqua de son Pere, mais Sem & Japhet ne voulurent pas estre complice de son crime.
D. Que dit Noé quand il se reveilla & qu'il apperceut ce que ses fils luy avoient fait.
R. Il dit, maudit soit Cham, & benits soient Sem & Japhet.
D. Quelles Nations sont sorties des trois fils de Noé ?
R. De Sem sont sortis entre autres les Israëlites, de Cham les Amonites, & de Japhet les Isles des Nations, &c.
D. Ces Nations se sont elles servies du Deluge pour un advertissement ?
R. Non, Ils bastirent une Ville & une Tour, de laquelle le sommet devoit aller jusques au Ciel.
D. Qui estoit le principal Autheur de ce bastiment ?
R. Nimrod, homme puissan, & grand Veneur.
D. A quelle fin bâtissoient-ils ainsi ?
R. Pour immortaliser leur Nom, & pour avoir un refuge s'il arrivoit un second Deluge sur la terre.
D. Leur bâtiment pleust-il à l'Eternel ?
R. Non, car il les dispersa partoute la terre, & il confondit leur langage.
D. Comment s'appela cette Ville ?
Babel, qui signifie confusion.
D. Qu'est ce qui a suivi cette dispersion ?
R. Le dixiéme Chapitre nous enseigne assez les pays & les lieux où ils habiterent, les Villes qu'ils bâtirent, & les peuples qui en provinrent.
D. Raconte les Peres qui ont esté depuis le Deluge ?
R. Sem, Arpacsad, Scela, Heber, Peleg, Rehu, Serug, Nacor, Tharé & Abram.
D. Qui est-ce que Dieu a suscité pour son service apres la confusion des langues ?
R. Abraham.
D. D'où l'appella-t-il ?
R. Du pays d'Ur.
D. Où luy dit-il qu'il le vouloit faire aller ?
R. En la terre de Canaan. (Gen. cap. 12.)
D. Raconte moy les lieux par lesquels Abraham a passé & fait quelque sejour ?
R. Charan, Haï, Egypte, Bethel, la vallée de Mamré, Gerar, Morija & Hebron.
D. Quelle estoit la premiere chose qu'Abraham faisoit quand il arrivoit en quelque lieu ?
R. Il cherchoit un lieu propre pour servir à l'Eternel.
D. Que luy arriva-t-il à Charan ?
R. Il habita là, & son Pere Tharé mourut âgé de 205. ans.
D. Que luy advint-il dans Haï ?
R. C'est qu'une grande cherté qui survint le chassa de ce lieu.
D. Où alla-t-il demeurer en sortant de là ?
R. En Egypte.
D. Que luy advint-il là ?
R. Sa femme luy fut enlevée & menée à Pharao.
D. Pharao commit-il quelque chose d'indigne avec elle ?
R. Non, car l'Eternel ne le luy permit pas.
D. Abraham donc recouvra-t-il sa femme ?
R. Oüy.
D. Où se retira-t-il en suitte ?
R. En Bethel. (Gen. cap. 13.)
D. Que luy arriva-t-il là ?
R. Il s'esmeut debat entre les pasteurs d'Abraham, & ceux de Loth.
D. Comment se termina ce debat ?
R. Abraham parla à Loth disant, si la gauche te plaist j'iray à la droite ; & si la droite te plaist, je m'en iray à la gauche.
D. Quel costé est ce que Loth choisit ?
R. Le costé de Sodome.
D. Quel lieu estoit Sodome ?
R. C'estoit un pays beau & fertile, mais les gens en estoient méchans.
D. Et Abraham de quel costé alla-t-il ?
R. Dans les plaines de Mamré.
D. Qu'advint il à Loth en un lieu si plaisant, & parmi des gens si mauvais ?
R. Il fut fait prisonnier par quatre Roys. (Gen. cap. 14.)
D. Demeura-t-il long-temps prisonnier ?
R. Non, car le Seigneur le delivra par le moyen d'Abraham.
D. Qui est-ce qu'Abraham rencontra revenant de la bataille ?
R. Meschisedech, Roy de Salem, & le Roy de Gomorre

D. Com-

D. Comment est-ce que Melchisedech luy vint au devant?
R. Avec du pain & du vin pour Abraham & pour son peuple.
D. A quelle fin est-ce que le Roy de Sodome vint à luy?
R. Pour luy recommander ses gens.
D. Mais comme Abraham estoit dans l'apprehension que tout le pays ne se soulevast contre luy à cause de la deffaite des quatres Roys, comment est-ce que Dieu le fortifia & le consola?
R. Par la promesse de luy donner un fils. (Gen. chap. 15.)
D. De quelle maniere est-ce que Sara pensoit accomplir cette promesse, elle qui estoit sterile & âgée?
R. Par le moyen d'Agar sa servante. (Gen. chap. 16.)
D. Abraham a-t-il donc eu un enfant d'elle?
R. Oüy.
D. Comment l'appella-t-on?
R. Ismaël.
D. Cette procedure de Sara par laquelle elle vouloit accomplir la promesse de l'Eternel par un crime fut-elle agreable à Dieu?
R. Non, car elle fut la premiere qui pour ce sujet en ressentit de la douleur & du mépris, estant peu estimée d'Agar.
D. Puis qu'Abraham estoit affligé en sa famille, comment fut-il fortifié en la foy?
R. Dieu luy promit un fils de sa femme Sara. (Gen. chap. 17. & 18.)
D. Comment l'asseura-t-il de cette promesse?
R. Il scella & confirma cela par le Sacrement de la Circoncision.
D. Les Sodomites continuerent-ils en leur meschanceté?
R. Oüy, & elle s'augmenta journellement.
D. Qu'est-ce que l'Eternel delibera de lur faire?
R. Il descendit pour voir leur meschanceté, & pour annoncer à Abraham leur destruction.
D. Comment se comporta Abraham?
R. Il pria pour eux.
D. Que s'luy répondit l'Eternel?
R. Que s'il y trouvoit dix justes en Sodome, il pardonneroit generalement à tous.
D. Que fit le Seigneur ne trouvant pas dix justes en cette Ville débordée?
R. Il fit pleuvoir des Cieux une pluye de feu & de soulphre, & les consuma.
D. Mais tous les habitans de Sodome furent-ils consumez?
R. Non, car Loth avec sa femme, & deux de ses filles furent conservez.

D. Qu'arriva-t-il à ses Gendres ou beaux fils à venir?
R. Ils furent consumez avec les habitans, parce qu'ils avoient méprisé l'advertissement de leur Beaupere.
D. Qu'avint-il à la femme de Loth?
R. Regardant en arriere elle fut convertie en statuë de sel.
D. Où Loth alla-t-il demeurer apres cela?
R. En une petite Ville appellée Tsoar.
D. Où alla-t-il en sortant de là?
R. Sur les Montagnes.
D. Que leur avint-il là?
R. Ses deux filles l'enyvrerent & coucherent avec luy.
D. Qu'arriva-t-il apres un tel inceste?
R. Moab & Hamon nasquirent d'un si malheureux accouplement, aussi furent-ils peres de deux méchants peuples, nommez les Moabites & Ammonites.
D. Comment le païs de Sodome plaisoit-il à Abraham le soir avant l'embrasement?
R. Comme un Paradis de Dieu. (ch. 13. 10.)
D. Quel luy parut-il le matin apres la destruction?
R. Comme la fumée & l'odeur d'une fournaise. (chap. 19. 28.)
D. Où se retira Abraham?
R. Vers le païs de Guerar. (chap. 20.)
D. Que luy avint-il là?
R. Sa femme luy fut enlevée par le Roy Abimelech.
D. La toucha-t-il?
R. Non, car Dieu ne lui permit point de la toucher.
D. La femme fut donc renduë à Abraham?
R. Oüy.
D. Luy enfanta-t-elle un fils suivant la promesse qui luy en avoit esté faite?
R. Oüy.
D. Comment l'appella-t-il?
R. Isaac.
D. Par qui fut-il allaitté?
R. Par Sara, sa Mere.
D. Que fit Abraham lors que l'Enfant fut sevré?
R. Il fit un grand banquet.
D. Qu'y arriva-t-il?
R. Ismaël se mocqua d'Isaac.
D. Que fit là dessus Abraham?
R. Il le chassa avec sa Mere.
D. Comment est-ce que Dieu éprouva la foy d'Abraham?
R. Ce fut par le Commandement qu'il luy fit de sacrifier Isaac. (ch. 22.)
D. Obeït-il à ce Commandement?
R. Oüy.

B

D. Le sacrifia-t-il donc?
R. Non, car l'Ange de l'Eternel luy cria des Cieux, disant, ne mets point la main sur l'Enfant.
D. Qu'est-ce donc qu'Abraham offrit en holocauste à l'Eternel au lieu de son fils?
R. Un Mouton, qui estoit retenu à un buisson par les Cornes.
D. Où le vouloit-il immoler?
R. En la contrée de Morija.
D. Quelle possession achepta Abraham au pays de Canaan?
R. Il achepta un champ pour pouvoir y faire un sepulchre. (Genese chap. 23.)
D. Qui enterra-t-il là?
R. Sara sa femme.
D. Combien de temps vécut-elle?
R. Cent & vingt-sept ans.
D. Comment fut élevé Isaac?
R. En la crainte de Dieu. (ch. 24.)
D. Quelle femme prit-il?
R. Il prit pour femme Rebecca fille tres-belle.
D. Abraham se remaria-t-il apres la mort de sa femme?
R. Oüy, avec Ketura. (chap. 25.)
D. Combien eut-il d'enfans d'elle?
R. Six fils.
D. Dis leur nom par ordre.
R. Zimram, Jokſçan, Medan, Madian, Jiſebak & Sçuah.
D. Estoient-ils coheritiers avec Isaac?
R. Non, Abraham donna tout ce qui luy appartenoit à Isaac, il fit des dons aux fils de ſes Concubines, & il les envoya arriere de ſon fils Isaac vers l'Orient.
D. Combien d'années vécut Abraham?
R. Cent septante-cinq ans.
D. Où fut-il enterré?
R. Ses deux fils Isaac & Ismaël l'enterrerent au champ d'Ephron, prés de sa femme Sara.
D. Isaac eut-il des enfans de Rebecca?
R. Oüy, deux fils, Esaü & Jacob.
D. Lequel estoit l'aisné?
R. Esaü.
D. Comment perdit-il le droit d'ainesse?
R. Il le vendit à Jacob pour un potage de lentilles.
D. Qu'avint-il du temps d'Isaac?
R. Une famine.
D. Où s'en alla-t-il alors?
R. En Guerar.
D. Que luy arriva-t-il en Guerar?
R. L'Eternel luy estant apparu, lui promit & à sa posterité la terre de Canaan.
D. Et en suite?
R. 1. Il craignit de dire que Rebecca fust sa femme. 2. Dieu le benit. 3. Les habitans du pays luy porterent envie, & boucherent ses puits.
D. Où s'en alla-t-il de là?
R. En Beerſçebah.
D. Que luy advint-il en Beerſçebah?
R. L'Eternel luy apparut & le fortifia.
D. Quelles furent là ses premieres actions?
R. Il bastit un Autel, & il invoqua le Nom de l'Eternel.
D. Qui vint à luy en Beerſçebah?
R. Abimelec, Ahuzar, & Picol chef de son armée.
D. A quel dessein?
R. Pour traitter alliance avec luy.
D. Comment Esaü perdit-il la benediction de son pere?
R. Jacob le prevint & porta des viandes d'appetit, comme de la Venaison à son pere, contrefaiſant l'aisné, & reçeut par ce moyen ſa benediction. (ch. 27.)
D. Et Esaü qu'en dit-il?
R. Il dit, les jours du dueil de mon pere s'approchent, alors je tueray Jacob mon frere.
D. Où fut envoyé Jacob par Isaac & Rebecca pour prevenir cela?
R. En Paddan-Aram, pour y prendre femme.
D. Quelle fut sa compagnie?
R. Un baston à la main. (ch. 28.)
D. Quel logis par les chemins?
R. Il se coucha par terre, il prit des pierre du lieu, & il en fit son chevet.
D. Que vid il en songe?
R. Il vid une eschelle posée sur la terre de laquelle le bout touchoit jusques au Ciel, les Anges de Dieu montoient & descendoient par cette eschelle, & l'Eternel se tenoit au dessus.
D. Que signifioit cette eschelle?
R. Jesus Christ, qui est le Chemin, la Verité, & la Vie. (Jean. 14. 6.)
D. Quel profit en tira-t-il?
R. Il connut que les Anges de Dieu estoient toûjours occupez à consoler les fideles, à les soulager d'enhaut, & à denoncer la punition aux méchans.
D. Que fit Jacob la matinée suivante?
R. Il prit la pierre de laquelle il avoit fait son chevet, la dressa pour enseigne, & il versa de l'huile sur son sommet, disant, si Dieu est avec moy & me preserve au voyage que je fais, s'il me donne du pain à manger & des vestemens pour me vestir, & si je retourne en paix en la maison de mon Pere, pour vray l'Eternel sera mon Dieu, cette pierre sera la maison de Dieu, & je luy bailleray la disme de toutes choses.
D. Dieu le benit-il dans son voyage?

R. Oüy, car il luy donna femmes & enfans, & beaucoup de troupeaux. (Gen. chap. 29. & 30.)
D. Combien eut il de femmes ?
R. Deux. Lea & Rachel.
D. Combien d'enfans eut-il en Paddan-Aram ?
R. Onze fils & une fille.
D. Quels sont leur Noms ?
R. Ruben, Simeon, Levi, Juda, Issacar, Zabulon, Dan, Gad, Asser, Nephthali, Joseph, & Dina sa fille.
D. Quels furent ses biens ?
R. Force troupeaux, beaucoup de servantes, de serviteurs, de chameaux, d'asnes, & de richesses.
D. Combien de temps a-t-il servi en Paddan-Aram ?
R. Vingt ans ; sept ans pour Lea, sept ans pour Rachel, & six ans pour ses biens.
D. Pourquoy, ne demeura-t-il pas avec Laban ?
R. Parce qu'il reçeut commandement de Dieu de s'en retourner au pays de Canaan sa Patrie. (ch. 31.)
D. Qu'est ce qui luy arriva sur son retour ?
R. Il eut grand debat avec Laban, avec Dieu, & avec son frere Esaü.
D. Comment finit son debat avec Laban ?
R. Dieu vint à Laban en songe, & lui dit, donne toi garde, que tu ne viennes à parler avec Jacob de bien en mal.
D. Comment se termina son debat avec Dieu ?
R. Il lutta avec Dieu, qui lui touchant l'endroit de l'emboistement de la hanche le rendit boiteux, mais il ne laissa pas de lutter avec l'Eternel, jusqu'à ce qu'il l'eut benit. (Gen. chap. 32.)
D. Que lui fit Dieu pour fortifier sa foi ?
R. Il lui changea son Nom de Jacob en Israël.
D. Quelle fut l'issuë du debat avec Esaü ?
R. Esaü fit bon accueil à Jacob, & reçeut son present, (Gen. ch. 33. & 34.)
D. De là où s'en alla Jacob ?
R. En Succoth, où il achepta pour cent pieces d'argent une portion de champ des Enfans d'Hemor pere de Sichem.
D. Pourquoy n'alla-t-il pas en Bethel suivant le vœu qu'il en fit ?
R. Il estoit si riche qu'il ne se resouvint plus du vœu qu'il avoit fait en sa pauvreté.
D. Quelle fut sa punition ?
R. Sa fille Dina fut violée, & Simeon & Levi devinrent meurtriers, ce qui le rendit odieux aux habitans du païs.
D. Quel chemin prit-il de là ?
R. Il se retira en Bethel (Gen. ch. 35.)

D. Que commanda-t-il à sa famille ?
R. D'oster les Dieux des étrangers, & de se purifier, & de changer de vestemens.
D. Que lui avint-il comme il partit de Bethel ?
R. Rachel enfanta & mourut.
D. Comment est-ce qu'elle appella le Nom de l'enfant ?
R. Benoni ; fils de ma douleur.
D. Et son pere comme l'appellat-il ?
R. Benjamin, fils de ma dextre, comme devant estre le baston de sa vieillesse.
D. Que fit-il en suite ?
R. Il partit & tendit ses tentes outre Migdal Heder.
D. Qu'avint-il pendant qu'Israël demeuroit en ce pais là ?
R. Ruben coucha avec Bilha concubine de son pere.
D. En quel âge mourut Isaac ?
R. En l'âge de 180. ans.
D. Par qui fut-il enterré ?
R. Par ses deux fils Esaü & Jacob.
D. Où habita Esaü apres avoir enterré son Pere ?
R. En la montagne de Sehir, & de luy sont issuës plusieurs Nations. (ch. 36.)
D. Où se retira Jacob apres la mort de son Pere ?
R. Au païs de Canaan.
D. Qu'avint-il à Joseph ?
R. Ses freres le haïssoient, premierement parce que son pere l'aimoit plus qu'eux tous ; secondement à cause de son songe ; & en troisième lieu, parce qu'il rapporta à son pere leurs méchantes paroles de diffame. (chap. 37.)
D. Quel fut leur dessein ?
R. Ils machinerent contre lui pour le mettre à mort.
D. Qui le delivra de leurs mains ?
R. Ruben & Juda, ne voulans pas qu'on répandit le sang de leur frere.
D. Que devint-il alors ?
R. Ils le jetterent dans une fosse.
D. Que firent ils apres ?
R. Ils s'assirent pour prendre leur repas.
D. Ruben en fut-il ?
R. Non.
D. Et que firent les autres freres de Joseph ?
R. Ils le vendirent à des marchands Madianites vingt pieces d'argent.
D. Que fit Ruben ne trouvant pas son frere en la fosse ?
R. Il déchira ses vestemens, retourna à ses freres & dit, l'Enfant ne se trouve point, & moi où irai je ?
D. Que firent les marchands Ismaëlites ?
R. Ils vendirent Joseph en Egypte à Potiphar

8 Genese.   L'Histoire de la

Eunuque de Pharaon & Prevost de l'Hostel.

D. Quelle femme prit Juda?
R. La fille d'un Cananeen lequel avoit nom Suah. (ch. 38.)
D. Combien eut-il de fils d'elle?
R. Trois; Her, Onan & Sçela.
D. Qu'arriva t-il aux deux premiers?
R. L'Eternel les fit mourir pour leur méchanceté.
D. Que fit Juda leur Pere?
R. Il coucha avec sa belle fille Tamar sans la connoistre, & elle luy enfanta deux gemeaux Pharez & Zara.
D. Et que fit-il quand il sçeut que sa belle fille avoit posé son habit de veufvage, & qu'elle estoit enceinte?
R. Il voulut qu'on la fist sortir pour la brusler.
D. Et quel fut son jugement lors que Tamar declara qu'elle estoit enceinte de lui?
R. Il s'avoüa plus coupable qu'elle, & ne la connut plus.
D. Comment est-ce que Potiphar disposa de Joseph en Egypte?
R. Il lui donna la charge de sa Maison.
D. Qu'arriva-t-il en suite?
R. Il le mit dans une estroite prison sur les fausses accusations de sa femme d'avoir voulu coucher avec elle.
D. Quel fut l'estat de ce prisonnier?
R. L'Eternel fut avec luy, il estendit sa gravité sur luy, & il lui donna grace envers le geolier. (Gen. ch. 40.)
D. Que fit-il en prison?
R. Il interpreta les songes de l'Echanson & du Pannetier de Pharaon.
D. Qui le delivra de la prison?
R. Pharaon, pour avoir de lui l'interpretaion de ses songes.
D. Et que fit Pharaon en cette occasion?
R. Il le constitua Gouverneur d'Egypte, il tira son anneau de sa main & il le mit en celle de Joseph, il le fit vestir d'habits de fin lin, & il mit un collier d'or à son col.
D. Comment se comporta Joseph en cét estat?
R. Il amassa le bled des sept années d'abondance afin de s'en servir dans les années de la famine.
D. Qu'avint-il là dessus?
R. La famine estoit si grande au païs de Canaan, que Jacob fut contraint d'envoyer ses fils en Egypte pour y acheter du bled. (Gen. ch. 42.)
D. Joseph reconnut-il ses freres?
R. Oüy.
D. Comment les traitta-t-il?
R. Il contrefit l'Etranger, & il leur parla rudement, il les prit pour des espions, il les mit prisonniers, il leur commanda d'amener Benjamin.
D. A quel dessein les traitta-t-il si rudement?
R. Pour éprouver s'il se repentoient de l'avoir vendu, & pour savoir s'il avoient de l'amitié pour leur frere Benjamin.
D. Combien de fois est-ce que ses freres se transporterent en Egypte?
R. Deux fois.
D. Benjamin y alla-t-il aussi une fois?
R. Oüy. (Gen. ch. 43.)
D. Pourquoi est-ce que Joseph voulut éprouver leur amitié envers leur frere Benjamin plustost qu'envers un autre?
R. Parce que sa mere n'eut que ces deux fils Joseph & Benjamin.
D. Que fit en suite Joseph?
R. Il se fit connoistre à ses freres, il les consola, & il leur fit donner des chariots pour amener leur pere avec leurs familles.
D. Combien se passa-t-il d'années, depuis le temps qu'il fut vendu jusques au temps qu'il se fit connoistre à ses freres?
R. Vingt-deux ans, il fut vendu à l'âge de seize ans, il fut establi gouverneur de l'Egypte dans sa trentiéme année, & il ne se fit connoistre à ses freres qu'à la seconde année de la famine, apres que les sept années d'abondance furent passées.
D. Jacob alla-il en Egypte vers son fils?
R. Oüy, apres que Dieu lui eut parlé en vision de nuict, & qu'il eut confirmé son dessein. (Gen. chap. 46.)
D. Combien y eut-il de personnes qui s'en allerent avec Jacob en Egypte?
R. Soixante & dix. (Gen. ch. 47.)
D. Que dist Joseph à Pharaon touchant son pere & ses freres?
R. Qu'ils estoient bergers au païs de Canaan.
D. Quel âge avoit alors Jacob?
R. Il avoit cent trente ans.
D. Où le fit-il habiter?
R. En la contrée de Goscen.
D. Qui visita Jacob estant malade?
R. Joseph & ses deux fils Manassé & Ephraïm. (Gen. ch. 48.)
D. Que dist Jacob à Joseph?
R. Il le pria de ne le pas enterrer en Egypte, mais au païs de Canaan avec ses peres.
D. Combien de temps vécut Jacob en Egypte?
R. Dix sept ans, & auparavant cent trente ans, de sorte que sa vie fut de cent quarante sept ans.
D. Declara-t-il sa derniere volonté à ses fils?
R. Oüy, il leur donna quelques signes & quelques figures sous lesquelles il leur prédit

dit sommairement ce qui leur devoit arriver.

D. Recite les douze Tribus d'Israël?
R. Ruben, Simeon, Juda, Issacar, Zabulon, Dan, Gad, Aser, Nephtali, Benjamin, Ephraïm, Manassé.

D. Pourquoi est-ce que Levi & Joseph y sont obmis?
R. Parce que Levi avoit ses mains soüillées de sang, & parce que Joseph receut deux portions, & qu'il eut plus d'adversité que ses freres.

D. Qui fut mis en leur place?
R. Ephraïm & Manassé les deux fils de Joseph.

D. Quels emblêmes donna Jacob à ses fils pour leur declarer ce qui leur devoit avenir?
R. A Ruben l'Eau. (Gen. ch. 49.)
A Simeon & à Levi des instrumens de violence.
A Juda un faon de Lion.
A Issacar un Asne.
A Zabulon un Port de Mer.
A Dan un Serpent.
A Gad une troupe de gens de guerre.
A Aser qu'il fournira les delices royales.
A Nephthali une Biche laschée.
A Joseph un rameau fertile prés de la fontaine.
A Benjamin un Loup.

D. Qu'a-t-il voulu predire à ses fils par ces choses, & premierement à Ruben?
R. Qui se precipiteroit dans ses affaires comme l'Eau, & qu'il n'avanceroit en rien.

D. Que pouvoit pretendre l'aisné?
R. Trois choses, le Royaume, la Sacrificature, & la double portion.

D. Pourquoy en fut-il frustré?
R. Parce qu'il avoit souillé la couche de Jacob son pere; il donna le Royaume à Juda, & à Joseph les deux portions pour avoir souffert plus d'adversité que ses freres.

D. A qui écheut la Sacrificature?
R. A Levi, parce que sa main estoit sanctifiée par la deffaite des Idolâtres.

D. Que predit Jacob de Simeon & de Levi?
R. Qu'ils seroient divisez en Jacob, & dispersez en Israël.

D. Et de Juda?
R. Quatre choses. 1. Sa Principauté. 2. Que sa main sera sur le collet de ses Ennemis. 3. Que le septre ne se departira point de luy jusques à la venuë du Messie. 4. Son bonheur, & sa felicité exterieure.

D. Que predit-il de Zabulon?
R. Qu'il logeroit au port des Mers, & en suite tout ce qui lui devoit arriver en ses Navigations?

D. Qu'a-t-il predit d'Issacar?
R. Qu'il aimeroit la paix & le repos, & qu'il seroit entre deux fardeaux comme les asnes, & assujetti au tribut comme ceux qui sont asservis.

D. Que dit-il de Dan?
R. Il parle de sa prudence & de son adresse, comme de celle d'un serpent, il parle de ses diverses oppressions, & il adjoute que dans ses plus grandes calamitez il attendroit son Sauveur pour son salut.

D. Que predit-il de Gad?
R. Qu'il seroit opprimé, mais qu'à la fin il se rendroit vainqueur.

D. Que predit-il d'Aser?
R. Qu'il seroit grandement fertile pour fournir toutes sortes de delices à un Royaume.

D. Que predit-il de Nephthali?
R. Qu'il n'entreroit point en disputes inconsiderement, mais qu'il chercheroit la paix avec douceur, & ne le pouvant obtenir, qu'il seroit prompt & agile au combat comme une biche lâchée.

D. Que predit-il de Joseph?
R. Qu'il seroit heureux & fertile comme un rameau prés d'une fontaine. 2. Et ses deux Enfans comme des jettons d'un arbre qui couvriroit les murailles. 3. Qu'il seroit persecuté de ses ennemis côme par experts archers. 4. Qu'il emporteroit la victoire sur ses ennemis par l'assistance du Tout-Puissant.

D. Que predit-il de Benjamin?
R. Qu'il auroit beaucoup d'ennemis, & qu'il seroit sujet à des guerres & voleries.

D. Où est-ce que Jacob a voulu estre enterré?
R. Au pays de Canaan, en la Caverne qu'Abraham acquit d'Hephron Hethien. (ch. 50.)

D. Qui est-ce qui l'enterra?
R. Joseph suivant le serment qu'il fit à son pere.

D. Et aprés cela chercha-t-il de se venger de ses freres?
R. Non, mais il les consola, & il leur parla selon leur cœur.

D. Combien de temps est ce Joseph a gouverné l'Egypte?
R. Quatre-vingts ans.

D. Quand mourut-il?
R. A l'âge de cent & dix ans.

D. Comment fut-il enterré?
R. On l'embauma, & on le mit dans un cercueil pour le transporter au païs de Canaan.

D. Pourquoy fut-il enterré au païs de Canaan?
R. Pour marquer à la posterité qu'elle remonteroit d'Egypte au pays de Canaan.

Fin de la Genese.

C

Exode. L'Histoire de la

Le second Livre de Moyse, dit Exode.

D. Comment est-ce que le second Livre est intitulé ?
R. Les Grecs le nomment Exode, qui signifie issuë ou sortie.
D. Pourquoy est-il ainsi nommé ?
R. Parce qu'il traitte de la sortie miraculeuse des enfans d'Israël hors d'Egypte. (Ex. ch. 1.)
D. Qu'est-ce que Moyse décrit dans ce livre ?
R. L'estat des Enfans d'Israël depuis la mort de Joseph jusques à la construction du Tabernacle au desert.
D. En combien de parties est-il divisé ?
R. En deux; il traitte premierement de l'estat des enfans d'Israël depuis la mort de Joseph jusques à leur sortie d'Egypte ; & en second lieu de leur estat dans le desert jusques à la construction du Tabernacle.
D. Comment fut traitté le peuple d'Israël apres la mort de Joseph ?
R. Il fut affligé d'une dure & miserable servitude.
D. Et par ce moyen fut-il entierement opprimé ?
R. Non, plus il fut affligé, plus il se multiplia.
D. Que commanda Pharaon contr'eux ?
R. Il commanda aux sages-femmes de mettre à mort les enfans masles, & en suitte à tout son peuple de jetter au fleuve tous fils qui naistrons des femmes Israëlites.
D. Le Commandement fut-il effectué par les sages-femmes ?
R. Non, elles craignirent Dieu & refuserent d'obeïr à ce cruel commandement.
D. Et cela fut-il agreable à Dieu ?
R. Oüy; Dieu recompensa mesme leur pieuse desobeïssance en establissant leurs maisons.
D. Puis que par le commandement du Roy les fils devoient estre jettez au fleuve, comment Moyse fut-il sauvé ?
R. Sa Mere le cacha par trois mois, & ne le pouvant pas tenir caché davantage elle prit un coffret fait de joncs, & elle l'enduisit de bitume & de poix, & y ayant mis ce petit Enfant l'exposa sur le bord du fleuve.
D. Pourquoy ne fut-il pas noyé ?
R. Parce que la fille de Pharaon, étant descenduë pour se laver au fleuve, vid le coffret, & le fit prendre par une sienne servante.

D. Que fit-elle de lui ?
R. Elle le donna à sa propre mere pour le nourrir.
D. Que fit la mere de l'enfant apres qu'il fut devenu grand ?
R. Elle l'amena à la fille de Pharaon.
D. Comment le reçeut-elle ?
R. Elle l'adopta & l'éleva dans la maison du Roy Pharaon son Pere.
D. Pourquoi est-ce que Moyse quitta la Cour Royale ?
R. Parce qu'ayant tué un Egyptien, il craignoit d'estre mis à mort.
D. Combien de temps Moyse demeura-t-il à la Cour de Pharaon ?
R. Quarante ans.
D. Où se retira-t-il de là ?
R. Au païs de Madian.
D. Que fit-il dans ce païs ?
R. Il fut berger du troupeau de Jethro, & y prit pour femme sa fille Sephora.
D. Eut-il des enfans d'elle ?
R. Oüy, deux fils, Guersçom & Eliezer.
D. Que lui advint-il au pays de Madian ?
R. L'Ange de l'Eternel lui apparut en flamme de feu du milieu d'un buisson, & il lui commanda d'aller vers Pharao pour retirer ses freres, les Enfans d'Israël, hors d'Egypte.
D. Moyse estoit-il bien porté à cela ?
R. Non, mais il voulut s'en excuser par cinq raisons ?
1. Par sa bassesse.
2. Parce qu'il ne sçavoit pas le Nom de Dieu.
3. Parce que le peuple n'obeyroit pas à sa parole.
4. Parce qu'il avoit la parole empeschée.
5. Perce que Dieu pouvoit envoyer un autre ; comme aussi Moyse l'en prioit.
D. Que lui dit l'Eternel la dessus ?
R. 1. Qu'il seroit avec luy.
2. Il luy manifesta son Nom.
3. Que le peuple croiroit à sa voix à cause des miracles qu'il feroit devant eux.
4. Qu'il luy enseigneroit ce qu'il auroit à dire.
5. Il se mit en colere contre lui.
D. Quels sont les signes par lesquels Dieu confirma Moyse en sa vocation, & l'assura que quoy qu'il fust berger il delivreroit son peuple de la main d'un si puissant ennemi ?
R. 1. Il changea sa verge en serpent, & de serpent il la changea en verge.
2. Il rendit sa main lépreuse lors qu'il la mit dans son sein, & il la guerit en suite.
3. Il lui dit de prendre de l'eau du fleuve & de la répandre sur le sec, & elle deviendra sang sur la terre. (ch. 4.)

Sainte Ecriture.

D. Qui est-ce qui lui fut donné pour aide ?
R. Son frere Aaron.
D. Alla-t-il donc enfin selon l'ordre de Dieu ?
R. Oüy.
D. Que lui avint-il en chemin ?
R. L'Eternel le menaça de le faire mourir pour n'avoir pas circoncis son fils.
D. Qui est-ce donc qui le circoncit ?
R. Sa Mere Sephora prit un caillou aigu, & en coupa le prepuce de son fils, & le mit aux pieds de Moyse, disant, certes tu m'es un Epoux de sang.
D. Quel autre rencontre fit-il en chemin ?
R. Il rencontra Aaron son frere.
D. Executerent-ils la commission que Dieu leur avoit donnée touchant Pharaon ?
R. Oüy. (Ex. ch. 5.)
D. Que leur dit Pharaon ?
R. Il dit qu'il ne connoissoit point le Seigneur.
D. Et que fit-il en suite ?
R. Il commanda qu'on redoublast les charges du peuple, & qu'on le contraignist de rendre le mesme nombre de briques sans luy fournir la paille comme à l'ordinaire.
D. Comment se comporta le peuple en cét endroit ?
R. Il murmura contre Moyse & Aaron.
D. Que fit alors Moyse ?
R. Il porta ses plaintes à l'Eternel.
D. Que lui dit l'Eternel ?
R. Il reitera ses promesses touchant leur delivrance, & il les envoya derechef vers Pharaon.
D. Pharaon laissa-t-il aller le peuple d'Israël ?
R. Non ; l'Eternel endurcit le cœur de Pharaon.
D. Moyse & Aaron firent-ils des miracles devant Pharaon ?
R. Oüy.
D. Pourquoi donc ne laissa-t-il pas aller le peuple ?
R. Parce que ses Enchanteurs contrefirent ce que Dieu faisoit par Moyse. (chap. 8.)
D. De combien de playe fut frappé Pharaon devant la sortie du peuple d'Israël hors de l'Egypte ?
R. De dix.
D. Raconte les ?
R. La premiere fut le changement des eaux en sang (ch. 8.)
La 2. Fut celle des grenoüilles qui remplirent toute l'Egypte.
La 3. Fut celle des poux.
La 4. Fut celles des mouches.
La 5. Fut la peste qui extermina toutes les bestes.
La 6. Playe passa des bestes aux hommes, & les remplit d'ulceres & de pustules enflées.
La 7. Fut la gresle qui brisa tout ce qui se trouva exposé à sa violence.
La 8. Fut celle des sauterelles.
La 9. Fut celle des tenebres fort obscures par trois jours.
La 10. Fut la mort de tous les premiers nez tant des hommes que des bestes.
D. Les Magiciens furent-ils capables de produire tous ces miracles ?
R. Oüy ; jusques aux poux qu'ils ne purent produire par leurs enchantemens, car ils dirent, c'est ici le doigt de Dieu. (Ex. ch. 9. 10. & 11.)
D. Apres les tenebres Pharaon laissa-t-il aller le peuple ?
R. Oüy, se reservant leur menu & leur gros bestail.
D. Que dit Moyse la dessus ?
R. Qu'il n'en demeureroit pas un ongle.
D. Les enfans d'Israël furent-ils aussi touchés de ces playes ?
R. Non.
D. Que firent-ils à leur sortie du pays ?
R. Ils emprunterent des vaisseaux d'argent & d'or, ainsi ils butinerent en quelque sorte les Egyptiens.
D. Par quel moyen Dieu asseura-t-il son peuple, que la derniere & la plus grande playe ne le toucheroit point ?
R. Par l'institution du Sacrement de l'Agneau de Pasque.
D. Quel devoit estre cét Agneau ?
R. Un petit d'entre les brebis, sans tache, qui fut masle & n'ayant qu'une année.
D. Comment le falloit-il apprester ?
R. Il falloit le rostir au feu.
D. Comment falloit-il le manger ?
R. Les reins troussez, les souliers aux pieds, un baston à la main, & à la haste.
D. Que falloit-il faire de son sang ?
R. Le mettre sur les deux posteaux, & sur le sursueil de la porte des maisons, où on le mangeoit, afin que l'Ange épargnast celles qu'il verroit teintes de sang.
D. Pharaon laissa-t-il sortir le peuple sur la derniere playe ?
R. Oüy.
D. Quel fut le nombre de ceux qui partirent ?
R. Environ six cens mille combattans, sans les femmes & les enfans.
D. Combien de temps demeurerent-ils en Egypte ?
R. Quatre cens & trente ans.
D. Que fit là dessus le peuple d'Israël ?
R. Il consacra à l'Eternel les premiers nez.
D. Que fit-il sur son départ ?
R. Il prit avec luy les os de Joseph.

D. Combien de temps se passa-t-il depuis sa sortie d'Egypte jusques à son arrivée au pays de Canaan?
R. Quarante ans.
D. Et combien fit-il de Stations?
R. Quarante-deux.
D. Quelles sont les plus considerables?
R. Il y en a douze; Pi-hahirot, Mara, le desert de Sin, Raphidin, la Montagne de Sinaï, Kibroth-Hattanah, Haseçrot, Rithma en Paran, Cades Bernea, Punon, Zalmon, & Moab.
D. Ce livre de combien parle-t-il?
R. Des cinq premiers, comme de Pi-hahirot, de Mara, du desert de Sin, de Raphidin, & de la montagne de Sinaï.
D. Comment furent conduits les Enfans d'Israël au païs de Canaan?
R. L'Eternel marchoit devant eux dans une colomne de nuée durant le jour, & dans une colomne de feu durant la nuit. (ch. 13.)
D. Que leur avint-il vers Pi-hahirot?
R. C'est que se voyant dans un desert enfermez d'un costé par la Mer, & de l'autre par l'armée de Pharaon ils murmurerent contre Dieu & contre Moyse. (chap. 14.)
D. Que fit Moyse dans cette extremité?
R. Il cria à l'Eternel, & ayant par son commandement élevé sa Verge, & estendu sa main sur la Mer, les eaux se diviserent à l'instant pour faire passage aux Enfans d'Israël, puis se rejoignirent pour engloutir les Egyptiens.
D. Que firent là dessus les Enfans d'Israël?
R. Ils chanterent un cantique d'action de Graces à l'Eternel pour le remercier de leur delivrance. (Ex. ch. 15.)
D. Où s'en allerent-ils de là?
R. En Mara.
D. Qu'est-ce qu'il y avint?
R. Ils murmurerent contre Moyse de ce que les Eaux y estoient ameres.
D. Que fit Moyse?
R. Il cria à l'Eternel, qui lui enseigna du bois, lequel ayant jetté dans les eaux elles devinrent douces.
D. Où se retirent-ils de là?
R. En Elim, où il y avoit douze fontaines soixante & dix Palmes. (Ex. ch. 16.)
D. Et de là où s'en allerent-ils?
R. Au desert de Sin.
D. Que leur arriva-t'il dans ce desert?
R. Ils murmurerent contre Moyse & contre Aaron, n'y trouvant point de pain, & Dieu leur donna des cailles & de la Manne.
D. Que firent-ils apres?
R. Ils sanctifierent le Sabbath.

D. Que leur commanda Moyse?
R. D'emplir un Homer de Manne pour le garder à la posterité.
D. Combien de temps mangerent-ils la Manne?
R. Pendant les quarante ans qu'ils demeurerent dans le desert.
D. Où se camperent-ils en suite?
R. En Rephidin. (ch. 17.)
D. Comment se comporterent-ils là?
R. Ils se jetterent encore dans le murmure contre Moyse pour avoir de l'eau, & Dieu en fit sortir d'un rocher, ayant commandé à Moyse de le frapper avec la mesme verge, dont il avoit divisé le fleuve.
D. Que leur arriva-t-il sur leur depart de Rephidin?
R. Hamaleck leur livra une bataille.
D. A qui est-ce que Dieu donna la victoire?
R. Lors que Moyse élevoit sa main Israël estoit le plus fort, mais quand il la baissoit Hamaleck l'estoit à son tour.
D. Que leur avint-il en suite?
R. Jethro conseilla à Moyse son beaufils de choisir de tout Israël des Juges & Gouverneurs pour le peuple. (Ex. ch. 18.)
D. Quelles doivent estre leurs qualitez?
R. Ils devoient estre des hommes vertueux, craignans Dieu, veritables & haïssans le gain.
D. Quel estoit leur office?
R. De rapporter les choses difficiles à Moyse, & de juger de toutes les autres.
D. Où s'en alla le peuple d'Israël apres ces choses?
R. Vers la Montagne de Sinaï. (Ex. ch. 19.)
D. Que lui avint-il là?
R. Dieu le choisit de toute la terre pour lui estre consacré, & le peuple lui promit obeïssance, Moyse mit des bornes au pied de cette Montagne & deffendit au peuple à peine de la vie de les passer, en suite l'Eternel apparut à Moyse, & lui donna sa Loy parmi des Tonnerres & des Eclairs.
D. Pourquoi la donna-t-il de cette maniere?
R. Pour les obliger par la crainte à obeïr à sa Loy.
D. A quelle fin fut annoncé l'Evangile avec joye & triomphe?
R. Afin d'inciter les hommes à le suivre avec joye & gayeté de cœur.
D. Le peuple fut-il sans Loy avant que de venir à la montagne de Sinaï?
R. Non, car il avoit la Loy naturelle dés le commencement de la creation de toutes choses.
D. Comment prouveras-tu cela?
R. Par

Sainte Ecriture.

R. Par divers passages de la sainte Ecriture.
1. Tes témoignages ne sont que justice à toûjours (Pf. 119. 144.)
2. La Loy est écrite en leurs cœurs, les accusant ou excusant. (Rom. 2. 15.)
3. Dieu crea l'homme à son image, en justice & vraye sainteté. (Gen. 1. 27. Ephes. 4. 24.)
D. Pourras-tu me donner des exemples que le peuple n'a pas esté sans Loi avant que de venir à la Montagne de Sinaï ?
R. Fort bien, mesme de tous les dix Commandemens.
D. En quel endroit trouves-tu le premier Commandement : Tu n'auras point d'autres Dieux devant ma face ?
R. En la Genese (ch. 35. v. 2.) Où Jacob fit oster les Dieux des estrangers.
D. Et le second touchant l'invocation de Dieu à l'exclusion des Idoles ?
R. Dans la Gen. (ch. 35. 4.) Où les domestiques de Jacob lui donnerent tous les Dieux des Etrangers. Et (Gen. 31. 34.) Où Rachel cacha les Marmousets & faux-Dieux quand elle fut fouillée par Laban.
D. Où trouves-tu le troisième Commandement ?
R. Dans la (Gen. 24. 3. & au ch. 21. 2.) Où il est dit : Je te ferai jurer par l'Eternel, le Dieu des Cieux & le Dieu de la terre.
D. Où est-il parlé de la sanctification du Sabbath ?
R. Au premier livre de Moyse, (ch. 2. v. 3.) & dans le second Livre de Moyse, (ch. 16. v. 23.)
D. En quel endroit est-il fait mention de l'honneur & du respect qu'on doit à Pere & à Mere ?
R. En la Gen. (au ch. 9. v. 25. 26.) Où Sem & Japhet furent benits, & Cham maudit en son fils Canaan ; & au (ch. 23. v. 41.) Où Esaü eut en haine Jacob à cause de la benediction dont son pere l'avoit benit.
D. Où trouves-tu le sixième Commandement contre le meurtre ?
R. En la Gen. (ch. 4. 9.) Où Cain voulut celer le meurtre de son frere, & au (ch. 9. 6.) où il est dit, Qui aura épandu le sang de l'homme en l'homme, son sang sera aussi épandu.
D. Qu'est-il dit de l'adultere ou de la paillardise ?
R. Ce que les fils de Jacob dirent, (Gen 34. 31.) qu'on fasse de nostre sœur comme d'une paillarde ; & (Gen. 38. 24.) où Juda commanda qu'on fit sortir Thamar pour la brûler.
D. En quel endroit est-il fait mention des larcins ?

R. En la Genese, (au ch. 44. 7. 8.) Ja n'avienne, dirent les freres de Joseph, que nous dérobions de l'argent ou de l'or de la Maison de ton Maistre.
D. Où trouves-tu le neufviéme Commandement contre le mensonge ?
R. En ce que Juda tint sa promesse sans fraude & sans tromperie. (Gen. 38. 20.)
D. Où est deffendüe la convoitise ?
R. En la Gen. (ch. 17. & au chap. 20. 7.) où Dieu punit mesmes des Rois pour ce peché ?
D. En combien de tables fut donnée la Loi.
R. En deux tables de pierre.
D. Pourquoi fut-elle écrite sur deux tables de pierre ?
R. Pour montrer qu'il estoit plus facile de l'écrire sur des pierres que dans le cœur de l'homme.
D. Qu'est-ce que la premiere Table enseigne ?
R. Elle nous enseigne en quatre Commandemens quel est nostre devoir envers Dieu. (ch. 20.)
D. Et que contient la seconde Table ?
R. Elle contient en six Commandemens ce que nous devons à nostre prochain.
D. Qui a escrit la Loy ?
R. Dieu.
D. N'en donna-t'il point d'autre que ces dix Commandemens ?
R. Oüy, comme les Loix politiques, ceremonielles ; mais la Loy des deux Tables estoit le sommaire de tous les autres Commandemens. (ch. 21. 22. 23.)
D. Que promit l'Eternel à ceux qui garderoient ses Commandemens ?
R. Qu'il seroit ennemi à leurs ennemis, & qu'il affligeroit ceux qui les affligeroient, comme il est dit (Exod. chap. 23. 22.)
D. Combien de temps demeura Moyse sur la Montagne ?
R. Quarante jours & quarante nuicts.
D. Qu'est-ce que l'Eternel luy commanda de faire ?
R. Neuf choses.
D. Raconte-les ?
R. 1. Le Tabernacle. 2. L'Arche de l'Alliance. 3. Le Propitiatoire. 4. La Table des pains de Proposition. 5. Les Chandeliers. 6. L'autel des Parfums. 7. L'Autel des Holocaustes. 8. La Cuve d'Arain. 9. Les Vestemens du Sacrificateur. (ch. 25. 26. 27. & 28.)
D. Qui devoit faire tout cela ?
R. Betsaleel & Aholiab. (ch. 31.)
D. Et de quoy ?
R. De toutes les choses qui estoient offertes par le peuple, comme de l'or, & de l'argent, de l'airain, de la pourpre, de l'escarlate, du

D

Exode. L'Histoire de la

fin lin, de poil des chévres, de peaux de mouton teintes en rouge, & du bois de Sittim.
D. Que fit le peuple durant le temps que Moyse fut sur la Montagne ?
R. Il fit un veau d'or, auquel il offrit des holocaustes, & luy presentant des Sacrifices de Prosperité il l'adora avec beaucoup de réjoüissance. (ch. 32.)
D. Que commanda l'Eternel de faire en cette rencontre ?
R. Il commanda à Moyse de descendre de la Montagne & d'aller vers le peuple.
D. Que fit-il lors qu'il fut descendu ?
R. Il jetta par terre ces Tables Sacrées, & les brisa au pied de la Montagne, il prit ensuite ce Veau d'or, le brusla, & le reduisit en poudre qu'il jetta dans de l'eau pour la donner à boire aux enfans d'Israël.
D. Que fit de plus Moyse ?
R. Il se tint à la porte du Camp, & cria tout haut, que tous ceux qui vouloient estre à Dieu se joignissent à luy.
D. Qui furent ceux qui vinrent vers luy ?
R. Les Levites.
D. Que leur commanda-t-il ?
R. De prendre leurs espées & d'aller & de revenir au travers du Camp, en tuant tout ce qu'ils rencontreroient, sans excepter ny Amy, ny Proche, ny Frere, ny Fils, & ils le firent avec un zele loüable, dont Moyse benit incontinent la famille de Levi.
D. Combien en demeura-t-il de tuez ce jour là ?
R. Environ trois mille hommes.
D. Que s'ensuivit-il ?
R. L'Eternel se courrouça, & ne voulut plus demeurer avec eux. (ch. 33.)
D. Que fit Moyse en suite ?
R. Il pria le Seigneur, qui luy promit de demeurer avec luy.
D. Que demanda-t'il davantage ?
R. Il desira de voir la Gloire de Dieu.
D. Le Seigneur luy accorda-t'il sa requeste ?
R. Oüy, car il le fit arrester sur le rocher, & le couvrit de sa main, jusques à ce qu'il fut passé, & ainsi il ne le vid que par derriere. (ch. 34.)
D. Que fit l'Eternel apres ces choses ?
R. Il commanda à Moyse de tailler deux autres Tables de pierre, semblables aux premiers, & de monter avec elles sur le sommet de la Montagne.
D. Le fit-il ?
R. Oüy.
D. Combien demeura-t-il sur la Montagne ?
R. Quarante jours & quarante nuicts.
D. D'où est-ce que Moyse devoit recouvrer les choses que Dieu avoit commandé d'estre faites ? (ch. 35.)
R. Du peuple.
D. En apporterent-ils assez ?
R. Oüy, car ils en apporterent tant, que Moyse fit publier que l'on n'apportast plus rien.

Fin du Livre de l'Exode.

Le Levitique, ou le troisième Livre de Moyse.

D. Comment appelles-tu le troisième Livre de Moyse ?
R. Le Levitique.
D. Pourquoy le nomme-t-on ainsi ?
R. Parce qu'il contient l'office des Levites, & les choses qui dépendent de leur service.
D. Comment est divisé ce livre ?
R. Il est divisé en deux parties, l'une comprend les choses qui devoient estre offertes, & l'autre les personnes qui les devoient offrir.
D. Par qui fut donné la Loy des Offrandes ?
R. Par l'Eternel.
D. D'où ?
R. Du Tabernacle d'assignation.
D. Combien de sortes d'Offrandes furent establies ? (ch. 1. 2. 3. 4. 5.)
R. Cinq ; L'holocauste, chap. 1. Celle des gasteaux, chap. 2. Celle de Prosperité, chap. 3. Celle pour le peché, ch. 4. & celle de propitiation. (chap. 5.)
D. Qu'y avoit-il de considerable en ces sortes d'Offrandes ?
R. Deux choses ; 1. la Matiere des Oblations, 2. La maniere dont elles devoient estre faites.
D. Combien de sortes de chose devoit-on offrir ?
R. De deux sortes, ou de celles qui sont animées, ou de celles qui sont inanimées.
D. Quelles bestes choisissoit-on d'entre celles qui sont vivantes ?
R. Du gros bestail on prenoit un bouveau, une vache ou genisse rouge, du menu bestail on prenoit un agneau, une brebis, un mouton, un bouc, tant masles que femelles, & de la volaille on choisissoit une tourterelle ou un pigeonneau.
D. Et d'entre les choses inanimées ?
R. On offroit de l'huile, de la fine farine, de l'encens, des gasteaux, des tourtes sans levain, du sel, du froment, du bois de cedre, des bandes d'escarlate, & de l'hyssope.
D. Qu'elles sont les choses qui estoient deffendués ?

Sainte Ecriture.

R. Le levain, le miel, la graisse, le sang, & les entrailles avec la poitrine.
D. Que signifient ces choses?
R. Le levain & le miel signifient la vie & la doctrine corrompuë & depravée, & le sang & la graisse signifient la sensualité & la cruauté.
D. De quelles choses fut-on obligé de se servir plus particulierement aux Offrandes?
R. Du feu & du sel, parce que l'un dissipe, & que l'autre nettoye toute corruption.
D. Voila la matiere qu'on devoit offrir: voyez la maniere & les ceremonies qu'on devoit observer dans les Sacrifices?
R. Il y en eut de diverses sortes, qui sont escrites en divers endroits de ce livre, & singulierement au (6. & 7. chap.)
D. Puis que nous venons à la seconde partie de ce livre concernant les personnes des Sacrificateurs & des Levites, qu'est-ce que le S. Esprit leur prescrit?
R. Deux choses; la premiere concerne seulement leurs personnes; la seconde touche & leurs personnes & tout le peuple en general c'est leur santification. (ch. 8. & 9.)
D. Quelles sont donc les choses qui ne concernent que les Personnes?
R. 1. L'oblation des articles 2. leur Consecration.
D. Avec quel feu devoient-ils sacrifier?
R. Avec le feu qui estoit venu de la part de l'Eternel.
D. Y eut-il quelqu'un qui se servit d'un feu estrange?
R. Oüy, Nadab & Abihu, enfans d'Aaron; c'est pourquoy le feu sortit de la presence de Dieu, & les devora. (ch. 10.)
D. Quelle est la chose qui concerne les Levites & le peuple tout ensemble?
R. La Sanctification, en ce qu'il fut commandé de fuir le mal & de faire le bien.
D. Quelles furent les choses deffendües?
R. Elles sont, ou ceremonielles, ou morales.
D. Quelles sont les ceremonielles?
R. 1. La difference des bestes nettes & immondes. (chap. 11.)
2. Les choses qui furent reputées pour soüillées, comme l'attouchement des femmes accouchées, certaines maladies comme la lepre, &c. aux (chap. 12. 13. 14. 15.)
3. La maniere dont on devoit se purifier (chap. 16.)
D. Quelles sont les choses morales qui ont esté deffendües?
R. L'Adultere, la paillardise, l'inceste & choses semblables. (ch. 18. 20. 21.)
D. Quelles furent les choses commandées?
R. Elles concernent ce que nous devons à nous mesmes, ce que nous devons à nostre prochain, & ce que nous devons à Dieu, ainsi qu'il appert par les chapitres suivans de ce livre. (ch. 22. & suivans.)
D. De quels temps ou de quelles festes l'observation est-elle commandée particulierement dans ce Livre?
R. Elles renvoyent chaque semaine comme le Sabbath, ou chaque année, comme: 1. La Feste de Pasque. 2. La Feste des pains sans levain. 3. La Feste des premices des fruits. 4. La Pentecoste. 5. La Feste des Trompettes. 6. La Feste des Tabernacles.
D. Ne fut-il point ordonné d'autre temps au service de Dieu que celuy-la?
R. Oüy, Dieu commanda aussi de faire un holocauste le matin & le soir.
D. Comment Moyse conclud-il ce Livre?
R. Par des promesses d'une grande lignée à ceux qui garderoient les Commandemens de Dieu, & par des menaces épouvantables contre ceux qui les outrepasseroient. (ch. 26.) Et enfin il traitte des vœux.

Fin du troisième Livre de Moyse.

Le quatriéme Livre de Moyse, dit les Nombres.

D. Comment est appellé le quatriéme Livre de Moyse?
R. Les Nombres.
D. Pourquoy l'appelle-t-on ainsi?
R. Parce qu'il traitte particulierement du dénombrement du peuple.
D. Quelle est la substance de ce Livre?
R. Elle contient l'histoire & les faits des Enfans d'Israël depuis leur depart de la Montagne de Sinaï jusqu'à ce qu'ils vinrent en la campagne de Moab aux frontieres du pays de Canaan.
D. Comment est divisé ce Livre?
R. En deux parties: la premiere comprend le nombre des Enfans d'Israël quand ils furent sur leur depart; la seconde leurs journées depuis la Montagne de Sinaï jusques aux frontieres de la terre de Canaan, où ils furent derechef nombrez à leur dernier campement.
D. Combien estoient-ils en nombre?
R. Six cens trois mille cinq cens & cinquante.
D. Combien de fois furent nombrez les Enfans d'Israël en ce voyage?
R. Trois fois; la premiere & la seconde fois proche de la montagne de Sinaï, & la troi-

16 Levitique. L'Histoire de la

siéme fois en leur derniere campement, comme ils vouloient entrer en la terre de Canaan.

D. Pourquoy furent-ils comptez si souvent?

R. Ils furent contez la premiere fois afin que chacun donnast vne piece d'argent qui estoit vn demi Sicle, qui peut estre la quatriéme partie d'un Escu, pour la redemption de son ame, lors que le Tabernacle d'assignation fut basti. (Exod. 30. & 38.)

2. La seconde fois ils furent nombrez, afin qu'ils fussent campez en bon ordre autour du Tabernacle d'assignation quand il falut y poser leurs Tentes.

3. La troisiéme fois ils furent nombrez afin que le pays fut mieux partagé selon le nombre des Lignées.

D. Pourquoy les Levites furent-ils aussi nombrez la premiere fois?

R. Pour faire voir par là qu'ils avoient autant besoin d'un Redempteur & de la redemption qu'aucun autre homme.

D. Mais pourquoy ne furent-ils pas aussi comptez la seconde & la troisiéme fois?

R. Ils ne furent pas comptez la seconde fois parce qu'ils gardoient le Tabernacle d'assignation, & n'osoient aller au combat ; mais la troisiéme fois ce fut a ce qu'ils n'avoient aucune portion dans le pays.

D. En quel aage furent-ils receus au service de Dieu?

R. Ils furent sanctifiez à l'Eternel dés le premier mois de leur naissance, (Nomb. 3. 15.) à l'aage de 28. ans on les obligeoit de servir au Tabernacle d'Assignation. (Nomb 8.) & à l'aage de trente ans de s'employer aux fonctions qui se faisoient dans le Tabernacle d'assignation. (Nomb 4. 3.) Mais à la cinquantiéme année ils estoient dispensez de ce travail, & estoient tenus seulement de prendre garde à leurs freres, de les conseiller, & de leur commander ce qui estoit à faire. (Nomb. 8. 25.)

D. Entre les douze principales Stations du peuple de Dieu dans le desert, combien y en a-t-il de specifiées dans ce Livre?

R. Sept; Kibroth-taava, Hatzeroth, Rithma en Paran, Cades Barné, la Montagne de Hor, Punon en Salmonie, & les Campagnes de Moab.

D. Combien de choses sont à remarquer en ces Campemens?

R. Deux choses ; ou ce qui concerne en general les Stations ; ou ce qui touche chacune en particulier.

D. Combien y a-t-il de choses à remarquer en general?

R. Trois choses ; le murmure du peuple, la priere de Moyse, & la Grace de Dieu.

D. Le peuple murmura-t-il donc à chacune de ces Stations?

R. Oüy, en ces sept Campemens il murmura huict fois.

D. Contre qui murmura-t-il?

R. Contre Dieu & contre Moyse, en toutes sortes d'occasions.

D. Comment se comporta Moyse en tout cela?

R. Encore que Moyse fut un homme fort debonnaire, il se trouva neantmoins quelque fois de la foiblesse en luy, ce qui fit que Dieu se faschant ne le laissa point entrer en la terre de Canaan. (chap. 20. 11.)

D. Et Dieu endura-t-il ce continuel murmure?

R. Il exauça les prieres de Moyse, & il pardonna à son peuple.

D. Dis moy aussi ce qui se passa aux sept lieux susdits, & premierement à Kibroth-taava?

R. Premierement ils tesmoignerent de l'ennuy dans le chemin, & de l'impatience, ce qui fit que la colere de Dieu s'embrasant, il en consuma par feu quelques-uns sur le bout du camp; mais à la priere de Moyse le feu s'esteignit. Secondement, le peuple convoita de la chair. En troisiéme lieu il fut baillé à Moyse estant degouté de la manne soixante & dix hommes d'entre les Anciens pour gouverner ce peuple mutin. En quatriéme lieu Dieu leur envoya des cailles. Et en cinquiéme lieu le peuple fut frappé de mort ayant la chair encore entre ses dents. (ch. 11.)

D. Que se passa-t-il de particulier au camp d'Hatseroth?

R. Aaron & Marie murmurerent contre Moyse.

D. Pour quelle occasion?

R. A cause de sa femme qui estoit Ethiopienne, mais cela n'estoit qu'un pretexte ; le vray sujet estoit leur ambition, dont Marie fut punie de lepre; mais à la priere de Moyse elle en fut guerie. (ch. 12.)

D. Que se passa-t-il de singulier en Rithma en Paran?

R. Douze espions furent envoyez au pays de de Canaan ; le peuple murmura à cause de leur faux rapport, comme si Dieu ne le pouvoit pas introduire en la terre de Canaan selon sa promesse ; & le peuple fut sur le poinct de lapider Iosué & Caleb, qui en avoient fait le veritable recit.

D. Comment eviterent-ils d'estre lapidez?

R. Dieu arresta la fureur du peuple, & luy fit dire par Moyse que pas un de ceux qui avoient

Sainte Ecriture.

avoient esté dénombrez n'entreroit en la terre promise, excepté Caleb & Josué; & que ceux qui s'opposeroient aux ordres de l'Eternel, seroient deffaits par leurs Ennemis.

D. Le reste du peuple apres avoir veu la Grade Dieu & ses Jugemens tesmoigna-t'il de l'amour & de l'obeïssance à Dieu & à son service?

R. Non, car il se trouva un homme qui avoit ramassé du bois le jour du Sabbath.

D. Comment fut-il puni?

R. Il fut lapidé selon le commandement de Dieu.

D. Que firent les autres?

R. Plusieurs ne firent pas mieux; Car premierement Coré, Dathan, Abiran & On, avec 250. des principaux d'entre les Israélites s'éleverent contre Moyse & Aaron, & la terre s'ouvrant les devora, avec tout ce qui leur appartenoit. Secondement, le peuple ne s'amenda point pour cela, mais continuant ses murmures contre Moyse & Aaron, 14700. hommes furent consumez par le feu.

D. Comment se comporterent Moyse & Aaron en suite?

R. Ils chercherent de reconcilier Dieu avec le peuple.

D. Comment se termina cette affaire.

R. Dieu fit des ordonnances touchant la Sacrificature, & touchant le sacrifice pour le peché.

D. Quel ordre donna-t'il pour la Sacrificature?

R. Il voulut que châque Tribu mist une Verge dans le Tabernacle, & qu'elle y escrivist son Nom, & le Nom d'Aaron sur celle de la Tribu de Levi, afin qu'on reconnust par celle qui auroit fleuri celuy que Dieu avoit choisi pour Sacrificateur. (ch. 7.)

D. Quelle fut la Verge qui fleurit?

R. La Verge d'Aaron, à cause de quoy il eut la Sacrificature.

D. Qu'ordonna-t'il au sujet de leurs pechez?

R. Dieu commanda de sacrifier une vache rousse sans tare pour les pechez, & de se servir de ses cendres pour purifier les soüillez qui auroient touché un corps mort.

D. Où allerent les Enfans d'Israël sortans de Rithma en Paran?

R. Devers Cades Barné.

D. Que se passa-t'il là de singulier?

R. Quatre choses. Premierement Marie mourut dans le desert de Sin. Secondement le peuple murmura derechef à cause du manquement d'eau. 3. Moyse & Aaron furent punis à cause de leur doute & incredulité, & Dieu dit qu'ils n'entreroient point en la terre de Canaan. 4. Les Enfans d'Edom refuserent le passage de leur terre aux Enfans d'Israël. (ch. 20.)

D. Qu'advint-il en la journée suivante à la Montagne d'Horeb?

R. Aaron mourut : Eleazar son fils fut fait Sacrificateur en sa place : Le Roy Harad venant à l'encontre d'Israël fut deffait.

D. Qu'arriva-t'il de considerable dans le voyage depuis Hor jusques à Punon?

R. Le peuple se depita à cause de l'incommodité du chemin, murmura à cause du deffaut d'eau & de pain, estant ennuyé de la Manne; pour ce sujet Dieu envoya contre ces ingrats des serpens brûlans, desquels ils furent mordus, & regardans le serpent d'airain ils furent gueris de leurs blessures. Les deux Roys Sihon & Og furent défaits & leur pays destruit. (ch. 21.)

D. Qu'y eut-il de remarquable dans le chemin qu'ils firent par la Campagne de Moab?

R. L'Estat du pays, où plusieurs se mirent en possession de l'heritage qui leur estoit échu, & autres estoient prest d'y aller. (ch. 23. & 24)

D. Combien de choses doit on remarquer ici?

R. Deux choses; premierement les obstacles qui leur furent faits, secondement leur reconciliation avec Dieu.

D. Quel empeschement eurent-ils?

R. Ils furent en partie empeschez par d'autres peuples, mais ils le furent principalement par leur propre peché.

D. Qui estoient ces peuples?

R. Balac, Roy de Moab, pria Balaam le faux Prophete de venir maudire Israël, ce que ne pouvant faire, il conseilla à Balac de faire voir des femmes des Madianites au peuple, afin qu'il pechast avec elles & adorast leurs Idoles, & que Dieu l'abandonnast en suite à ses Ennemis. (ch. 23. & 24.)

D. L'Eternel laissa-t'il ce peché impuni?

R. Non, il commença le châtiment par son peuple, & d'une seule playe il en mourut jusques à 24000. (ch. 25.)

D. Que fit-il à ses ennemis?

R. Il espandit sa colere sur eux apres qu'il fust appaisé envers son peuple.

D. De quelle maniere?

R. Balac avec cinq Rois Madianites fut deffait. Le Prophete Balaam fut repris de son Asnesse, & tous les Madianites tant hommes que femmes qui s'estoient polluez furent tuez.

E

D. Comment fut appaisé l'Eternel envers son peuple?
R. Par le zele de Phinées, lequel voyant Zimri commettre un crime avec Cosbi, perça ces deux coupables de son espée.
D. Comment tesmoigna l'Eternel d'estre appaisé?
R. 1. Par l'aliance de paix avec Phinées. 2. En ce qu'il chargea Josué de la conduite de tout le peuple en la place de Moyse. 3. En ce qu'il donna à la Tribu de Ruben, de Gad, & à la demi Tribu de Manassé les Terres au delà du Jourdain. 4. Par l'election de douze hommes pour partager la terre de Canaan. 5. Par la constitution des loix & ordonnances des jours de festes, du sacrifices des vœux, des villes de refuge & des droits de succession.

Fin du quatriéme Livre de Moyse.

Le cinquiéme Livre de Moyse, nommé Deuteronome.

D. Comment appelles-tu le cinquiéme Livre de Moyse?
R. Deuteronome.
D. Pourquoy est-il ainsi appellé?
R. Parce que la Loy & les principales actions qui sont contenuës aux livres precedens sont reiterées dans celui-cy.
D. Comment commence ce livre?
R. Il repete ce que Dieu a fait pour le peuple en temps de paix & en temps de guerre, afin que ceux à qui la Loy avoit esté donnée au mont de Sinaï estans tous morts, les autres prissent mieux garde à l'observer, & ceci est le contenu des cinq premiers chapitres.
D. Que raconte Moyse davantage dans ce livre?
R. Il repete la Loy, il exhorte le peuple & le persuade de la bien mediter & de la bien observer, & cela depuis le cinquiesme chapitre jusques au trente-vniesme. Dans le chap. 31. il se prepare à mourir & confirme Josué en sa vocation; au 32. il chante un Cantique, & au 33. il benit les Tributs d'Israël.
D. Pourquoy Moyse benit-il les Enfans de Levi, autrement que ne fit Jacob?
R. Il changea la malediction que Jacob avoit prononcée contr'eux en benediction, à cause du zele qu'ils avoient tesmoigné en la montagne de Sinaï
D. Dans quel pays mourut Moyse?
R. Au pays de Moab.

D. Pourquoy n'entra-t'il pas au pays de Canaan?
R. Parce qu'il manqua de foy au sujet des Eaux de Tsin, quand il dit: Vous Rebelles escoutez maintenant, vous ferons-nous sortir de l'eau de ce rocher-ci? (Nomb 20. 10.) car Dieu leur avoit promis qu'il en feroit sortir. (vers. 8.)
D. Vit-il le pays de Canaan?
R. Oüy; il monta en la Montagne de Nebo au sommet de la Coline, & l'Eternel luy fit voir tout le pays depuis Gallaad jusques à Dan.
D. Qui constitua-t'il en sa place?
R. Josué fils de Nun.
D. Combien de temps vescut Moyse?
R. Six vingt-ans.
D. Où fut-il enterré?
R. En la Vallée au pays de Moab, vis à vis de Beth-Pehor, & nul n'a connu son sepulchre jusques à ce jour.
D. Par qui fut-il enterré?
R. Par l'Ange du Seigneur, afin que les Enfans d'Israël quand ils sçauroient son sepulchre n'y commissent point d'Idolatrie. Voyez l'Epist. de S. Jude, (v. 9.)

Fin du cinquiéme Livre de Moyse.

Le Livre de Iosué.

D. Quels conducteurs eut le peuple d'Israël apres sa sortie d'Egypte?
R. Des Capitaines.
D. Combien eut-il de Capitaines ou Conducteurs?
R. Deux, Moyse & Josué.
D. Que fit Moyse?
R. Il mena le peuple d'Israël hors de l'Egypte, & le rendit aux Campagnes de Moab.
D. Que fit Josué?
R. Il continua le mesme soin depuis les Campagnes de Moab pour introduire le peuple au pays de Canaan.
D. Comment appelle-t'on le livre qui suit les cinq livres de Moyse.
R. Le livre de Josué.
D. Pourquoy est-il ainsi appellé?
R. Parce qu'il contient le Gouvernement de Josué.
D. Dequoy traite-t'il?
R. Il traite de l'estat des Enfans d'Israël depuis la mort de Moyse jusques au *decez* de Josué, & de leur establissement dans la terre de Canaan.
D. Combien de choses sont à remarquer dans ce livre?

R. Trois choses. 1. La Vocation de Josué. 2. Ses œuvres admirables. 3. Sa Mort.

D. De qui fut-il appellé?

R. De Dieu.

D. A quelle fin?

R. Pour conduire & gouverner son peuple.

D. Qu'est-ce que Dieu luy commanda de faire?

R. De garder sa Loy, & de faire ponctuellement toutes les choses que Dieu luy commanderoit.

D. Fit-il ainsi?

R. Oüy.

D. En quoy est-ce que Dieu benit Josué?

R. 1. En ce que tout le peuple luy obeit (chap. 2.)

2. En ce qu'il passa à pied sec le fleuve du Jourdain. (ch. 3.)

3. En ce qu'il rendit Israël redoutable à tous ses Ennemis. (ch. 4. & 5.)

4. En ce que les murailles de Jericho furent renversées par terre au seul retentissement des trompettes. (ch. 6.)

D. Comment sont divisées ses Actions?

R. En actions de Guerre & de Paix.

D. Quelles furent ses Actions de Guerre?

R. Il envoya deux hommes pour espier & reconnoistre la Ville de Jerico, où ils furent découverts, & en grand danger de perdre la vie.

D. Comment furent-ils sauvez?

R. Par la charité d'une femme nommée Rahab, qui jusques-là avoit esté déreglée dans sa conduite.

D. Qu'exigea-elle d'eux à leur départ?

R. Elles les fit jurer sous certaines conditions qu'ils feroient mettre à sauveté tant elle que tout ce qui luy appartiendroit, & tout ce qui se seroit retiré dans sa maison.

D. Comment les fit-elle sortir de la Ville?

R. Elle les descendist avec une corde par la fenestre.

D. Quel signe luy donnerent-ils de sa delivrance?

R. Ils luy ordonnerent de lier un cordon de fil d'escarlate à la fenestre où elle les avoit descendus.

D. Où s'en allerent de là ces deux espions des Israëlites?

R. Ils s'en retournerent vers Josué.

D. Quelles nouvelles luy porterent-ils?

R. Que tous les habitans du pays estoient dans une grande consternation à cause de l'approche des Enfans d'Israël.

D. Que fit Josué là dessus?

R. Il fit dresser au milieu du Jourdain douze pierres & autant en Guilgal, pour estre un memorial à la posterité. (ch. 4.)

D. Que fit l'Eternel apres ces choses?

R. Il commanda à Josué de circoncir les Enfans d'Israël. (ch. 5.)

D. Que fit donc Josué?

R. Il se fit des cousteaux trenchans & circoncit tous les masles des Enfans d'Israël qui estoient nez au desert apres estre sortis de l'Egypte, car on ne les avoit pas circoncis en chemin.

D. Où estoient les Enfans d'Israël quand on les circoncit?

R. En Guilgal.

D. Que leur arriva-t'il en Guilgal?

R. La Manne cessa apres qu'ils eurent mangé du bled au pays de Canaan.

D. Que fit Josué en suite?

R. Il prit la Ville de Jerico, il la destruisit, & il y brusla tout à la reserve de l'or, de l'argent, & des vaisseaux d'airain & de fer, qu'on consacra au Seigneur. (ch. 6.)

D. De quelle façon fut prise la Ville de Jerico?

R. Les hommes de guerre du peuple firent le tour des murs de la Ville durant six jours, une fois le jour, & au septiesme ils firent le tour de Jerico sept fois, marchans devant l'Arche, & les Sacrificateurs prirent sept trompettes, & les firent retentir, & le peuple jetta des cris d'éjoüissance; alors les murs de Jericho tomberent par terre, le peuple monta en la Ville, & mit entierement à l'interdit & au trenchant de l'espée tout ce qui estoit en la Ville.

D. Tous les habitans furent-ils mis à mort?

R. Non, car Rahab & la maison de son pere, & tous ceux qui luy appartenoient furent sauvez.

D. Qu'advint-il apres cela?

R. Josué envoya trois mille hommes pour détruire la Ville de Haï. (ch. 7.)

D. Emporterent-ils la place?

R. Non, mais ceux de Haï en tuérent environ trente six hommes, & les autres s'en revinrent apres une honteuse fuite.

D. Quelle fut la cause de cette deffaite?

R. Le forfait d'Hacan, qui déroba & prit de l'Interdit.

D. Que prit-il donc?

R. Une belle Manteline Babylonienne, deux cens sicles d'argent, & un lingot d'or du poids de cinquante sicles.

D. Comment en fut-il puni?

R. On le lapida, & on brusla tout ce qui leur appartenoit.

D. Que fit Josué apres cela?

R. Il se leva avec tout le peuple propre à la guerre pour monter contre Haï. (ch. 8.)

D. Et que fit-il en suite?

R. Il choisit trente mille hommes forts & vaillans, & les envoya de nuict, leur ordonnant d'estre en embusches derriere la Ville, mais luy & tout le peuple se campa devant Haï.

D. Comment se comporta-t'il avec le peuple ?

R. Luy & tout Israël firent semblant de fuïr comme la premiere fois, ce qui donna lieu aux habitans de Haï de les poursuivre.

D. Quelle en fut l'issuë ?

R. Josué leva l'estendard qui estoit en sa main vers Haï, & ceux qui estoient en embuscade suivant l'ordre qu'ils en avoient se leverent incontinent & vinrent en la Ville, & se hasterent de mettre la Ville en feu, dequoy le peuple de Haï estant surpris, les Enfans d'Israël retournans taillerent en pieces tous les habitans de Haï.

D. A combien de personnes se monta cette deffaite ?

R. Jusques au nombre de douze mille.

D. Que firent les Israëlites du butin ?

R. Ils pillerent pour eux les bestes, suivant le Commandement de Dieu.

D. Que fit Josué de la Ville ?

R. Il la brusla & la démolit à jamais.

D. Et que fit-il du Roy ?

R. Il le fit pendre à un gibet, où il demeura jusques au soir.

D. Que fit-il davantage ?

R. Il bastit un Autel à l'Eternel, & il escrivit là sur des pierres une copie des dix Commandemens de la Loy de Moyse, qu'il leut tout haut devant toute la Congregation d'Israël, mesmes devant les Femmes & les petits Enfans & les Estrangers conversans parmy eux.

D. Qu'arriva-t'il apres ces choses

R. Plusieurs Roys comploterent contre Josué. (ch. 9.)

D. Ne s'en trouva-t'il point qui recherchassent son Alliance ?

R. Oüy, les Gabaonites.

D. Par quel moyen ?

R. Par finesse, car il prirent de vieux sacs pour leurs asnes, de vieux oüaires de vin, des habits deschirez, des souliers usez, & du pain dur & moisi, & se presenterent ainsi devant Josué, se disant estre venus de loin pour faire alliance avec luy ce qu'il accepta.

D. Quand Josué connut cette feinte comment traita-t'il ces imposteurs ?

R. Il les condamna à une eternelle servitude, & protesta qu'ils seroient destinez à couper le bois, & à porter l'eau pour tout le peuple.

D. Quel fut le dessein des cinq Roys des Amorrhéens, voyant que ceux de Gabaon s'estoient donnez aux Israëlites.

R. Ils s'assemblerent pour exterminer les Gabaonites.

D. Quel refuge eurent les Gabaonites dans cette extremité ?

R. Ils envoyerent à Josué, & le prierent de leur donner du secours, & de les deffendre contre leurs Ennemis.

D. Comment se comporta Josué en cette rencontre ?

R. Il marcha aussi tost avec toute son Armée à leur secours, & mesmes toute la nuict il mit en déroute leurs ennemis les poursuivit jusques à Beth-horon, & les deffit entierement.

D. Que fit le Seigneur cependant ?

R. Il jetta sur eux de grosses pierres, & les poursuivit par cette tempeste jusques en Hazeka ; si bien qu'il en mourut plus par la gresle que par l'espée.

D. Que fit Josué en cette rencontre ?

R. Il commanda au Soleil de s'arrester en Gabaon, & à la Lune de se tenir coye en la Vallée d'Ajalon, jusques à ce que les Israëlites se fussent vangez de leurs ennemis ; & il n'y eut jamais de jour semblable à celuy-là. Car par un miracle étonnant le Soleil est la Lune s'arresterent.

D. Que devinrent les cinq Roys des Amorrheens ?

R. Ils s'enfuyrent, & ils se cacherent en une Caverne en Makkeda.

D. Que fit Josué là dessus ?

R. Il commanda de rouler de grandes pierres à la gueule de la Caverne, & les fit garder par quelques hommes, ordonnant aux autres de ne se pas arrester, mais de poursuivre leurs Ennemis, & de les empescher d'entrer dans leur ville : apres une si grande Victoire le peuple s'en retourna en Guilgal.

D. Qu'advint-il alors ?

R. Les cinq Roys furent tirez hors de la Caverne.

D. Comment les traitta Josué ?

R. Il commanda aux Capitaines des gens de guerre de mettre leurs pieds sur les cols de ces Roys, apres quoy il les fit mourir, & les pendit à cinq gibets, où ayans demeuré jusques au soir il commanda de les en oster, & de les jetter dans la caverne, & de rouller sur elle des grandes pierres, qui y sont jusques à ce jour.

D. Que fit Josué en suite de cela ?

R. Il prit plusieurs Villes, il deffit encore trois Roys & tous leurs sujets, & s'en retourna en suite en Guilgal.

D. Que firent les autres Roys du pays apres avoir entendu cela ?

R. Ils s'assemblerent & sortirent avec un grand

grand peuple nombreux comme le sable de la Mer pour combatre Israël.

D. Que fit l'Eternel là dessus ?
R. Il promit à Josué de les livrer en la main d'Israël, & luy commanda de couper les jarrets à leurs chevaux & de brusler leurs chariots.

D. Et Josué que fit-il en suite ?
R. Il se leva avec toute son Armée & les deffit entierement.

D. Mit il en ruine toutes leurs villes ?
R. Non, il ne brusla que Hatsor ; Mais il coupa les jarrets de leurs chevaux, & il brusla leurs chariots suivant le commandement de l'Eternel.

D. Les habitans du pays ne rechercherent-ils pas son Alliance comme les Gabaonites ?
R. Non.

D. Pourquoy ?
R. Parce que Dieu endurcit leurs cœurs, & qu'il permit le combat à leur ruine totale.

D. Quel autre progrez fit Josué ?
R. Il deffit les Hanakins dans toutes les Montagnes de Juda & d'Israël, & les destruisit à la façon de l'Interdit, si bien qu'il n'en resta seulement qu'en Gaza, en Gath & en Ascdod.

D. Combien de Roys furent vaincus par le peuple d'Israël ?
R. Trente & un. (ch. 12.)

D. Que fit Josué apres la deffaite de tous ses Ennemis ?
R. 1. Il distribua le pays par sort à neuf Tribus & demi. 2. Il establit des Villes de refuge. 3. Il assigna des Villes aux Levites, & renvoya les Rubenites, les Gadites & la demi Tribu de Manassé en leurs pays. (ch. 13. 14. &c.)

D. Que fit Josué estant prés de sa fin ?
R. Il assembla les Enfans d'Israël, & les exhorta de n'avoir jamais d'autre Dieu que le Seigneur, de se garder de toute Idolatrie, & de ne se pas mesler avec ces Nations. (ch. 22.)

D. Qu'arriva-t'il apres cela ?
R. Josué mourut. (ch. 23.)

D. En quel aage ?
R. Aagé de Cent & dix ans.

Fin du Livre de Josué.

Le Livre des Juges.

D. Comment furent gouvernez les Enfans d'Israël apres la Mort de Josué ?
R. Par des Juges.

D. De quoy traitte ce Livre ?
R. De l'estat des Enfans d'Israël au pays de Canaan apres le deceds de Josué, & premierement de leurs pechez ; secondement de leurs Oppresseurs : & en troisiéme lieu de leurs Liberateurs.

D. Quels furent leurs pechez ?
R. L'impieté, l'Idolâtrie, la paillardise, & le larcin.

D. Qui furent les Oppresseurs ?
R. Les Amorrheens, les Philistins, les Madianites, les Moabites, les Cananéens, & les Hammonites.

D. Combien de temps dura leur Oppression ?
R. Cent & onze ans.

D. Que firent-ils durant leur Oppression ?
R. Ils eurent recours aux prieres, & Dieu les exauçant leur envoya des Conducteurs pour les delivrer.

D. Recite leurs Noms ?
R. Hothniel, Ehud, Sçamgar, Debora, Barac, Gedeon, Abimelec, Tolah, Jair, Jephthé, Ibtsan, Elon, Habda, Samson, Heli & Samuel.

D. Combien de temps dura le Gouvernement des Juges ?
R. Trois Cens trente neuf-ans, jusques à la mort de Samuel.

D. Pourquoy donc est il dit aux Actes des Apostres au (chap. 13. 29.) que Dieu leur donna des Juges pour environ 450. ans ?
R. L'Apostre comprend ensemble la durée de leurs Juges, & le temps de leur Oppression, ces deux temps joints ensemble font environ 450. ans.

D. Quels furent les exploits d'Hothniel ?
R. Il delivra les Enfans d'Israël de la Tyrannie du Roy de Syrie en Mesopotamie. (ch. 3.)

D. Et ceux d'Ehud ?
R. Il les delivra de la main des Moabites.

D. De qui les delivra Sçamgar ?
R. Des Philistins.

D. De quelle servitude furent-ils affranchis par Debora & par Barac ?
R. De la servitude de Jabin Roy de Canaan. (ch. 4.)

D. Et que fit Gedeon ?
R. Il les delivra de la main des Madianites. (ch. 6. 7. & 8.)

D. Qu'est il dit d'Abimelec ?
R. Que s'estant establi Gouverneur, il tua sur une mesme pierre soixante & dix frere de Gedeon. (ch. 9.)

D. Que luy advint-il en suite ?
R. Une femme luy jetta une partie d'une pierre de moulin sur la teste qui l'escrasa.

D. Que dit-il la dessus ?
R. Il commanda à son Escuyer de le tuër promptement, ne pouvant souffrir qu'on dist qu'il étoit mort de la main d'une femme.

F

Iuges. L'Histoire de la

D. Où est-il fait mention de Tolah & de Jaïr.
R. Dans le dixieme Chapitre, où il n'y a rien de fort considerable.
D. De qui furent-ils delivrez par Iephthé?
R. De la main des Ammonites; il offrit en Holocauste sa propre fille à l'Eternel & deffit quarante deux mille hommes des Ephratiens. (ch. 11. & 12.)
D. Que firent l'Ibtsan, Elon & Abdon?
R. Ils eurent un Gouvernement pacifique.
D. Et que fit Samson?
R. Il les delivra de la main des Philistins. (ch. 13. & 14.)
D. Recite ses Principales Actions?
R. Il deschira en Pieces un Lion, il tua trente hommes de ceux d'Asçkelon, & il prit leur dépoüilles, & donna les robbes à ceux qui luy declarerent le sens de son Enigme, il brusla les bleds des Philistins, il en tua mille avec la maschoire d'une asne, il arracha la porte de la Ville de Gaza avec ses serrures & posteaux, & les emporta; & il en fit plus perir en mourant qu'il n'avoit fait pendant sa vie.
D. Quels furent les plus foibles Organes dont Dieu se servit pour faire les principales merveilles qui arriverent alors?
R. Ce fut Ehud, lequel bien que gaucher, & ne pouvant s'aider de la main droite mit à mort d'une espée à deux tranchans de la longueur d'une coudée, le Roi Eglon, homme fort gras; Et Sçamgar qui deffit six cens Philistins avec une gaule à bœufs; & Iaël femme de Haber qui tua Sisera enfonçant un grand clou dans sa teste; & Gedeon qui mit en ruine toute une Armée en faisant retentir des trompettes, & briser des vases de terre. Quand à Heli & Samuel, il en est fait mention aux livres de Samuel.

Fin du livre des Iuges.

Le Livre de Ruth.

D. Comment est intitulé le Livre suivant?
R. Il est intitulé du Nom de Ruth.
D. Pourquoy?
R. Parce qu'il traitte principalement de la personne de Ruth.
D. Comment est il divisé?
R. En deux parties; la premiere traitte des adversitez & de la desolation de Nahomi & de Ruth, & la seconde de leur bonheur & felicité.
D. D'où estoit Ruth?
R. Du Pays de Moab.
D. Qui estoit son Mary?

R. Kilion de Bethlehem en Juda.
D. Quel fut le sujet pour lequel il vint au pays de Moab?
R. Il y eut grande famine en Israël, ce qui donna occasion à son pere Elimelec de s'en aller avec ses deux fils Mahion & Kilion, & avec sa femme Nahomi au pays de Moab, où Elimelec mourut, & ses deux fils prirent pour femmes deux Moabites, celle de Mahion avoit nom Horpa, & celle de Kilion Ruth.
D. Que leur advint-il au pays de Moab?
R. Les deux fils Mahion & Kilion y moururent aussi.
D. Que fit la dessus Nahomi?
R. Elle retourna au pays de Juda.
D. Pourquoy?
R. Pour avoir connu que Dieu avoit regardé dans sa misericorde le pays de Juda.
D. Qu'elle Compagne eut-elle dans ce voyage?
R. Ses deux belles filles Horpa & Ruth; mais Horpa luy dit les derniers adieux, & s'en retourna.
D. Pourquoy est-ce que Ruth ne fit pas de mesme?
R. Elle ne voulut pas quitter sa Belle-mere, mais luy dit: J'iray par tout où tu iras, & je demeureray dans le mesme lieu que toy: ton peuple sera mon peuple, & ton Dieu sera mon Dieu, je mourray là où tu mourras, & la mort seule me separera de toy.
D. Comment est-ce que Dieu la benit?
R. Il luy donna un Mari riche, nommé Booz, qui engendra Obed pere d'Isaï, pere de David, d'où est descendu Jesus-Christ nostre Seigneur selon la chair.

Fin du Livre de Ruth.

Le premier Livre de Samuel.

D. Comment nommez vous le livre qui suit?
R. Le livre de Samuel.
D. Que devons-nous remarquer dans ce livre?
R. Deux choses.
 1. La conduite des deux derniers Juges.
 2. Le Gouvernement des deux premiers Roys.
D. Qui sont les deux Juges dont il est fait mention dans ce livre?
R. Heli & Samuel.
D. Quelles sont les actions d'Heli?
R. Il y en eut des bonnes & des mauvaises.
D. Quelles furent ses bonnes Actions?

Sainte Ecriture.

R. Sa diligence dans sa Vocation.
D. Quelles furent ses mauvaises Actions ?
R. Sa malheureuse negligence, en ce que sçachant le desordre de ses Enfans, il se contentoit de leur en faire une legere reprimende. (ch. 2.)
D. Comment fut-il puni de sa Negligence ?
R. Les Philistins prirent l'Arche de Dieu, ils tuërent ses deux fils, Hophni & Phinées, & ils taillerent en pièces trente mille hommes des Juifs, ce qu'Hela ayant entendu, il tomba de sa chaise à la renverse du costé de la porte, & il se cassa la teste. (ch. 4.)
D. Qu'arriva-t'il à sa belle fille ?
R. Elle accoucha subitement & mourut sur l'heure, disant : la Gloire de l'Eternel est transportée d'Israël.
D. Que firent les Philistins de l'Arche de Dieu ?
R. Ils la menerent à Azot, & ils la mirent dans le Temple auprés de l'Idole Dagon. (ch. 5.)
D. Comment en furent-ils punis ?
R. Dagon ne pouvant subsister devant l'Arche, on le trouva renversé par terre, sans teste & sans mains ; tous les Habitans d'Azot furent frapez d'une playe honteuse dans les parties les plus secrettes de leurs corps, & furent tourmentez par une multitude de Rats que Dieu fit naistre dans tout le pays. (ch. 6.)
D. Que firent-ils de l'Arche apres ces choses ?
R. Ils la porterent en Gad.
D. Y demeura-t'elle ?
R. Non : car elle y fit de semblables maux, & ils la menerent en Hebron.
D. Que causa-t'elle à ceux de Hebron ?
R. Autant qu'aux autres Villes ; car il y avoit un effroi de mort par toute la ville : & ceux qui ne mouroient point estoient estrangement affligez par des hemorroïdes tresdoulourueses.
D. Combien de temps fut retenu l'Arche par les Philistins ?
R. Sept mois.
D. Qu'en firent-ils apres ?
R. Ils la renvoyerent en Israel avec une oblation pour le delit.
D. Qu'elle fut l'oblation ?
R. Un coffre d'hemorroïdes où il y avoit cinq formes d'or, & cinq figures de Rats d'or.
D. Comment renvoyerent-ils l'Arche de Dieu ?
R. Ils la mirent sur un chariot tout neuf, & ils y attelerent deux jeunes vaches, dont ils enfermerent les petits en la maison, & les vaches prirent droit le chemin par la voye de Bethsemés jusques au champ de Josué Bethsemite, où l'Arche s'arresta.
D. Que fit là dessus le peuple de Bethsemés ?
R. Il fut dans une extreme joye de voir l'Arche, les Levites la deschargerent du chariot, avec le coffre où estoient les ouvrages d'or, & les mirent sur une grande pierre, & on fendit le bois du chariot, & on offrit les jeunes vaches en holocauste à l'Eternel.
D. Qu'arriva-t'il d'advantage ?
R. Dieu punit les regards trop curieux des Bethsemites, & frappa cinquante mille personnes d'entre eux, parce qu'ils avoient regardé dans l'Arche du Seigneur.
D. Que firent alors ceux de Bethsemés ?
R. Ils envoyerent prier les habitans de Kiriath-jeharim de la venir prendre, lesquels vinrent & firent remonter l'Arche de l'Eternel.
D. Où la mirent-ils ?
R. Dans la maison d'Aminadab en Gabaon, ils consacrerent le fils d'Eleazar pour la garder.
D. Combien de temps y demeura-t'elle ?
R. Vingt-ans.
D. Qui succeda à Heli au Gouvernement ?
R. Samuel.
D. Que devons-nous remarquer en sa Personne ?
R. 1. Sa Naissance. 2. Son Education. 3. Sa Vocation. 4. Ses Actions.
D. Que dit l'Escriture de sa Naissance ?
R. Qu'il nasquit d'une femme sterile, & qu'elle l'obtint du Seigneur par ses ardentes prieres. (chap. 1.)
D. Qui estoit son Pere ?
R. Elkana.
D. Comment se nommoit sa Mere ?
R. Anne.
D. Où fut-il eslevé ?
R. En la Maison de l'Eternel en Silo.
D. Que dit l'Escriture de sa Vocation ?
R. Que Dieu l'appella par trois fois durant la Nuict lors qu'il dormoit. (ch. 3. & 4.)
D. Combien d'Offices eut Samuel ?
R. Trois, autant que de Vocations, l'Office de Juge, celuy de Sacrificateur, & celuy de Prophete.
D. Quelle furent ses actions de Paix ?
R. Il oignit Saül pour Roy sur Israël. (ch. 10.) & luy commanda de la part de l'Eternel d'exterminer les Hamalekites. (ch. 15.) Il oignit aussi David pour Roy. (ch. 16.)
D. Quelles furent ses actions de Guerre ?
R. Il combattit contre les Philistins & les deffit.

I. & II. De Samuel. L'Histoire de la

D. Combien de temps Samuel gouverna-t'il le peuple d'Israël ?
R. Vingt ans.
D. Par qui furent gouvernez les Enfans d'Israël apres les Juges ?
R. Par des Roys.
D. Pourquoy par des Roys ?
R. Parce que Samuel ayant des fils qui ne luy ressembloient pas, & qui ne s'appliquant qu'à satisfaire leur avarice, & à faire un honteux trafic de la justice par leurs jugemens corrompus, ils donnerent occasion aux Israëlites de demander à estre gouvernez par un Roy.
D. De quel Gouvernement, & de quels Roys est-il fait mention dans ce livre ?
R. De celuy de Saül, & de David.
D. Qui fut le premier Roy ?
R. Saül.
D. Par qui fut-il oinct pour Roy ?
R. Par le Prophete Samuel, lors que Saül alloit chercher les Asnesses de son Pere.
D. Quelles preuves receut-il de la confirmation de cette Dignité ?
R. Trois : La premiere prés du sepulchre de Rachel, où deux hommes luy dirent que ses asnesses estoient trouvées. La seconde à la plaine de Tabor où trois hommes montans à la Maison de Dieu luy donnerent deux pains. La troisiesme, la rencontre d'un nombre de Prophetes, avec lesquels il prophetisa aussi luy-mesme.
D. Où fut-il éleu ?
R. En Mitspa, par le sort.
D. Combien de choses sont à remarquer dans son Gouvernement ?
R. Deux : Ses bonnes Actions & ses mauvaises.
D. Quelles furent ses bonnes Actions ?
R. Il fit la guerre contre les Ennemis du peuple de Dieu. Il delivra ceux de Jabes de la main des Ammonites, & il extermina les Philistins. (ch. 13. 15. 19. 22. & 28.)
D. Quelles furent ses mauvaises Actions ?
R. 1. Il s'ingera de Sacrifier sans attendre le Sacrificateur Samuel. (ch. 13. 2.) Il espargna ce qu'il y avoit de meilleur dans les troupeaux des Hamalexites, & Agag leur Roy, contre la deffence que Dieu luy en avoit faite. (ch. 15. 3.) Il persecuta David. (ch. 19. 4.) Il fit mourir les Sacrificateurs de l'Eternel. (ch. 22. 5.) Il consulta les devins, & estant entré chez une femme qui se mesloit de ces sciences noires, il luy demanda qu'elle luy fit venir le Prophete Samuel. (ch. 28.)
D. Comment fut-il puni ?
R. 1. Il fut rejetté du Seigneur qui donna le Royaume à David. 2. Il fut abandonné de l'Esprit malin. 3. Ses Enfans furent tuez par les Philistins. 4. Il se tua soy-mesme de son Espée. (ch. 16. & 31.)
D. Qui fut Sacrificateur en ce temps-là ?
R. Ahimelec fils d'Ahitub.
D. Qui succeda à Saül ?
R. David.
D. Qu'y a-t-il de considerable en sa Personne ?
R. Sa Vocation, & ses Actions.
D. Que doit-on remarquer en sa Vocation.
R. Trois choses.
1. De qui a-il esté appellé ? de Dieu.
2. Par qui ? Par le Prophete Samuel.
3. De quel lieu ? De la garde des brebis de son Pere.
D. Qu'elles furent les Actions de David ?
R. Celles qu'il fit avant, & celles qu'il fit apres la mort de Saül.
D. Que fit-il pendant que Saül vivoit.
R. Il tua un Lion & un Ours. Il delivra le Roy Saül du malin Esprit en joüant de la harpe. D'un coup de fronde il mit à mort Goliath. (ch. 17.) Il tua deux cens Philistins, dont il apporta les prepuces à Saül, & par ce moyen il devint son gendre, & fut publiquement exalté par les acclamations des femmes & des filles qui l'élevoient au dessus de Saül. (ch. 18.) Il vint en Nob, & y mangea des pains de Proposition. (ch. 21.) Il s'enfuit en Gath, où il contrefit l'insensé. Il coupa le pan de la robe de Saül en la caverne. (ch. 24.) Il emporta la lance & la coupe de Saül qui estoient à son chevet. (ch. 26.) Il deffit entierement les Hamalekites, & il mit en liberté le Peuple. (ch. 30.)

Fin du premier Livre de Samuel.

Le Second Livre de Samuel.

D. Que doit-on considerer en David apres la mort de Saül ?
R. Ses Actions ; Sçavoir comme il regna seul en Hebron sur Juda, & ce qu'il fit estant éleu Roy absolu sur tous les Israëlites.
D. Que fit-il estant Roy sur Juda ?
R. Il commanda à un de ses serviteurs de tuër l'Hamalekite, qui s'estoit vanté d'avoir tué le Roy. Il fit la guerre contre Isç-boseeth fils de Saül sept ans durant ; & il fut à la fin éleu Roy sur Israël. (ch. 1. & 2.)
D. Qui estoit le chef de l'Armée d'Isç-boseeth ?
R. Abner.

D. Que luy arriva-t'il ?
R. Il fut mis à mort en trahison par Joab & Abisçai, parce qu'il avoit tué Hasael leur frere. (ch. 3.)
D. David en tesmoigna-t'il de la joye ?
R. Non, il pleura & protesta qu'il estoit innocent de sa mort.
D. Quelle fut la fin d'Isç-bosçeth apres la mort d'Abner.
R. Il fut assassiné en dormant par ses deux Capitaines Recab & Bahana, qui apporterent sa teste à David en Hebron. (ch. 4.)
D. A qui fut remis le gouvernement de tout Israël apres ces choses ?
R. A David (ch. 5.)
D. Qu'y a-t'il de remarquable en son Gouvernement ?
R. Ses bons, & mauvais Comportemens.
D. Que fit-il de bon ?
R. Il fit la guerre contre les ennemis du Seigneur. Il fit mettre à mort les deux Capitaines Recab & Bahana. Il deffit les Philistins par deux fois. Il prit la Forteresse de Sion. Il fit transporter l'Arche de chez Abinadab en Sion. Il fit de bonnes provisions pour le bastiment du Temple. Il subjuga entierement, & mit sous son obeïssance les Philistins, les Ammonites & ses autres Ennemis. (ch. 8.)
D. Qui fut son General d'Armée ?
R. Joab fils de Tseruja.
D. En quoy se comporta-t'il mal ?
R. 1. En ce qu'il fit emmener l'Arche de la maison d'Abinadab sur un chariot neuf, laquelle devoit estre portée par les Sacrificateurs ; (Nomb. 14. 5. & ch. 7. 9.)
2. En ce qu'il commit adultere avec Bathsçebah ; laquelle il prit pour femme, apres avoir fait perir Urie son Mari.
3. En ce qu'il fit dénombrer le peuple. (ch. 24.)
D. Quelle fut sa punition d'avoir transporté l'Arche sur un Chariot ?
R. Les boeufs qui traisnoient le chariot où on avoit posé l'Arche glissant elle fut en danger de tomber, & Huza estendant sa main contre l'ordre, (Nomb. 4. 5.) pour la soustenir, fut frappé à mort par l'Eternel, (ch. 6.)
D. Comment fut-il puni d'avoir commis adultere avec Bethsçebah, & ne l'avoir prise pour femme ?
R. Dieu fit mourir l'enfant qui estoit né de son Adultere. Son fils Amnon commit un Inceste avec Thamar sa soeur, dont Absalon irrité le fit assasiner. Absalon viola publiquement les Concubines de son Pere. Les Israëlites se départirent d'avec David à la persuasion d'un homme Benjamite nommé Sçebah. (ch. 12.)
D. Qu'arriva-t'il à Absalon ?
R. Il demeura suspendu par ses cheveux aux branches d'un chesne, où Joab luy perça le coeur de trois dards. (ch. 18.)
D. Quelle fut la punition de David pour avoir fait dénombrer le peuple ?
R. Dieu envoya la peste en Israël, qui dans trois jours emporta soixante & dix mille hommes. (ch. 24.)
D. Comment cessa cette punition ?
R. David reconnut sa faute, & il poussa à Dieu des soûpirs ardens, sur quoy Dieu fit cesser cette playe, commanda à l'Ange destructeur de s'arrester.
D. Que fit David là dessus ?
R. Il bastit un Autel à l'Eternel & offrit des holocaustes & des sacrifices de Prosperité.
D. Quels Prophetes y eut-il en ce temps-là ?
R. Nathan & Gad.
D. Qui estoient les Sacrificateurs ?
R. Abjathar & Tsadoc.
D. Qui estoit Secretaire ?
R. Sçeraja.
D. Qui estoit le Commis sur les Registres ?
R. Jehosçaphar.
D. Qui estoit son Thresorier ?
R. Adoram.
D. Qui estoit Capitaine sur les Keretiens & Peletiens, ou sur les soldats qui faisoient la garde ordinaire de la Personne du Roy ?
R. Benaja.
D. Combien de temps regna David sur Israël ?
R. Sept ans en Hebron, & trente trois ans sur tout Israël, ainsi en tout quarante ans.

Fin du second livre de Samuel.

Le Livre des Roys.

D. Comment est intitulé le Livre qui suit le livre de Samuel ?
R. Le livre des Roys.
D. Combien y a-t'il de ces livres ?
R. Deux.
D. Que doit-on remarquer dans ces deux livres ?
R. L'Estat du Royaume devant & apres sa division.
D. Combien y eut-il de Roys avant la division ?
R. Trois, Saül, David & Salomon.
D. De combien de Regnes est fait mention dans ce premier livre ?
R. De deux : du Regne de David & de celuy de Salomon.

D. Que dit-il de David ?
R. 1. Qu'il ordonna que son fils Salomon fut oinct pour Roy. 2. Qu'il donna sur la fin de sa vie à ce mesme fils les advis qui luy croyoit estre necessaires, & les ordres qu'il devoit executer.
D. Raconte les choses memorable que fit Salomon ?
R. 1. Il fit mourir Adonias, Joab & Simei. (ch. 2.)
2. Il demanda à Dieu la Sapience dont il fut rempli. (ch. 3.)
3. Il fit de grands preparatifs pour le bastiment du Temple (ch. 5.)
4. Il acheva ce Bastiment en sept ans. (ch. 7.)
5. Il reçeut magnifiquement la Reine de Saba. (ch. 10.)
D. En quoy offença-t'il Dieu ?
R. En commettant Idolatrie & Adultere. (ch. 11.)
D. Comment en fut-il puni ?
R. Dieu luy suscita pour adversaires Hadad en Idumée, Rezon en Damas, & Jeroboham en son propre pays.
D. Combien de temps regna Salomon ?
R. Quarante-ans.
D. Qui fut son successeur ?
R. Roboam.
D. Qu'advint-il apres la mort de Salomon ?
R. La Division du Royaume.
D. Pourquoy fut-il divisé ?
R. A cause des pechez de Salomon.
D. Comment se nomment ces deux Royaumes ?
R. Le Royaume d'Israël, & le Royaume de Juda.
D. Combien de Tribus eut le Royaume de Juda ?
R. Deux : la Tribu de Juda & celle de Benjamin.
D. Combien de Tribus eut le Royaume d'Israël ?
R. Dix : celle de Ruben, de Simeon, d'Issacar, de Zabulon, de Dan, de Gad, d'Asser, de Nephthali, d'Ephraïm, & de Manassé.
D. Combien y eut-il de Roys au Royaume de Juda ?
R. Vingt : Roboam, Abijam, Asa, Josaphat, Joram, Achazia, Hathalia, Joas, Amatsia, Hazaria, Jotham, Achaz, Ezechias, Manassé, Amon, Josias, Jehochaz, Jehakim, Jehojachin & Sedecias.
D. Que doit-on observer de chaque Roy en particulier ?
R. Ses Actions de Paix & de Guerre.
D. Que remarque-t'on en leurs actions de paix ?
R. Ce qu'ils firent touchant la Religion, & touchant la Police.

D. Qui fut le premier Roy de Juda apres la division ?
R. Roboam.
D. Que fit-il touchant la Religion ?
R. Il fit ce qui estoit desplaisant à Dieu, permit l'Idolatrie & toutes les abominations des Nations, que l'Eternel avoit dechassées de devant les Enfans d'Israël.
D. Que fit-il touchant la Police ?
R. Il bastit plusieurs forteresses. Il restablit les Sacrificateurs que Jeroboham avoit cassez.
D. Qu'elles furent ses Actions de Guerre ?
R. Il se prepara à combattre Jeroboham pour reduire le Royaume d'Israël, mais un hôme de Dieu nommé Sçemahja luy vint ordonner de la part du Seigneur de n'en rien faire.
D. Comment fut-il puni ?
R. Scisçak Roy d'Egypte monta en Jerusalem, & prit les Thresors de la Maison de l'Eternel, & les Thresors de la Maison Royale. (ch. 14.)
D. Combien de temps regna Roboam ?
R. Dix & huict ans.
D. Qui fut Sacrificateur en ce temps là ?
R. Tsadoc.
D. Qui est-ce qui succeda à Roboam ?
R. Abijam son fils.
D. Qu'est-ce que l'Escriture remarque de sa Personne ?
R. Qu'il suivit tous les pechez de son Pere, & que son cœur ne fut point entier envers l'Eternel son Dieu.
D. Quels furent ses Exploits de Guerre ?
R. Il mit en fuite Jeroboham, & deffit dans ce combat cinq cens mille hommes. (2. Cron. 13. 17.)
D. Combien dura son Regne ?
R. Trois ans.
D. Quel Prophete y eut-il en ce temps là ?
R. Hiddo.
D. Qui estoit Sacrificateur ?
R. Ahimaas.
D. Qui regna apres Abijam ?
R. Asa son fils.
D. Quelles furent ses actions de guerre ?
R. Il eut guerre avec Sçera, Roy des Mores, & avec Bahasça Roy d'Israël.
D. Quelles furent ses Actions de Paix ?
R. Il bastit des forteresses. Il abolit toute Idolatrie, & deposa pour ce sujet sa Mere (ou grand Mere) du Gouvernement.
D. Que fit-il pour le service de Dieu ?
R. Du commencement de son Regne il fit ce qui estoit bon & droit aux yeux de l'Eternel, il osta tous les faux Dieux, leurs Autels & Idoles; mais sur la fin il abandonna Dieu.
D. En quoy l'abandonna-t-il ?
R. En ce qu'il fit alliance avec Benhadad Roy

Sainte Ecriture.

de Syrie, & en ce qu'il fit mettre en prison Hanani le Prophete, & qu'il rechercha dans sa maladie les Medecins plustost que Dieu.

D. Comment en fut-il puni?

R. Il mourut l'an quarante & vniesme de son Regne des Gouttes ou d'une maladie dans l'extremité de ses pieds.

D. Nomme les Prophetes de ce temps là?

R. Hazaria, Jehu & Hanani.

D. Nomme aussi les Sacrificateurs?

R. Ahimaas & Hazara.

D. Qui fut le Successeur d'Asa?

R. Son fils Josaphath.

R. Que dit l'Escriture de sa Personne?

R. Qu'il marcha sur les traces de David, & qu'il se rendit agreable à Dieu; que Jahaziel luy promit la Victoire lors qu'il fut assailli par les Moabites & les Hammonites, laquelle il obtint miraculeusement sans combattre.

D. Quelles furent ses Actions de Pieté?

R. Il abbatit les Idoles & les haut lieux, & il fit instruire le peuple en la Loy de Dieu (2. Cron. 17. 10.)

D. Que fit-il dans la Police?

R. Il bastit des Villes il y mit des forces & de bonnes Garnisons.

D. Quelles furent ses Actions de Guerre?

R. Il deffit les Moabites, les Hammonites & ceux du Mont Sehir.

D. Quelles furent ses mauvaises Actions?

R. 1. Il se lia d'amitié avec Achab. (2. Cron. 18.)

2. Il entreprit avec Achab la guerre contre Ramoth de Galaad.

3. Il s'associa avec Achazja pour faire des Navires, afin d'aller querir de l'or en Ophir. (2. Cron. 20.)

D. Comment fut-il repris de ses fautes?

R. Il en fut repris par le Prophete Jehu. (2. Cron. 19.) Et les Navires furent brisez, tellement qu'il n'eut pas le moyen d'aller en Ophir (2. Cron. 20.)

D. Quels Prophetes y eut-il en ce temps-là?

R. Jehu, Hazaria, & Eçazar.

D. Et qui furent les Sacrificateurs?

R. Ahimaas & Hazania.

D. Combien de temps regna-t'il?

R. Vingt ans.

D. Qui fut mis en sa place?

R. Joram. (1. Roys. 22. 5.)

D. Quelle fut sa conduite?

R. Il suivit le train des Roys impies d'Israël, il prit la fille d'Achab pour femme; (2. Roys 8.) Il s'adonna à l'Idolatrie, & il tua par l'espée tous ses freres.

D. Quelle fut sa fin?

R. Dieu le frappa en ses entrailles d'une maladie incurable, dont il mourut apres avoir regné huict ans. (2. Cron. 21. 15.)

D. Qui luy succeda?

R. Achazja son fils.

D. Quelle fut sa conduite?

R. Il fit ce qui estoit desagreable à Dieu. (2. Cron. 22.)

D. Que luy advint-il en suite?

R. Il fut blessé à la guerre en Ramoth de Galaad, & tué en suite par Jehu & par ses plus proches. (2. Roys 10. 14. & 2. Cron. 22.)

D. Qui estoit Sacrificateur en ce temps là?

R. Jehojadad.

D. Et quel Prophete y eut-il alors?

R. Elie, qui fut ravi au Ciel.

D. Qui fut élevé sur le Trône apres luy?

R. Hathalja sa Mere. (2. Rois. 11.)

D. Que fit-elle?

R. Elle fit mourir tous ceux qui estoient du sang royal excepté Joas fils d'Acharia.

D. Comment en fut-il preservé?

R. Jehosçebah fille du Roy Joram & sœur d'Achazja le cacha en la Maison de Dieu l'espace de six ans.

D. Que devint Hathalja apres ces choses?

R. Jehojadad le Sacrificateur la fit mettre à mort, apres qu'elle eut regné sept ans. (2. Roys. 11.)

D. Qui fut son successeur?

R. Joas.

D. Que fit-il de bon durant son Regne?

R. Il fit ce qui estoit agreable à l'Eternel tout le temps que Jehojadad le Sacrificateur l'enseigna, & il fit reparer le Temple. (2. Roys. 10)

D. Et que fit-il de mauvais?

R. Il donna lieu au faux Dieux. Il fit assommer de pierres Zacharie fils de Jehojadad le Sacrificateur, & il reçeut des honneurs divins des Principaux de Juda (2. Roys. 12. & 2. Cron. 24.)

D. Que luy advint-il là dessus?

R. Il fut tué par ses serviteurs apres avoir regné quarante ans. Ibid.

D. Quel Prophete y eut-il en ce temps-là?

R. Jehojadad & Zacharie.

D. Qui luy succeda?

R. Amatja son fils.

D. Qu'est-il dit de luy?

R. Qu'il marcha sur les traces de son pere Joas. (2. Roys. 14.)

D. Quelles furent ses bonnes Actions?

R. Il fit mourir ceux qui avoient tué son pere, & il frappa dix mille hommes d'Edom.

D. Demeura-t-il ferme en la vraye Religion?

R. Il se prosterna devant les faux Dieux, & les servit. (2. Cron. 25. 14.)

D. Comment en fut-il puni?

R. Il fut deffait par Joas Roy d'Ifraël pour avoir mefprifé l'advertiffement qui luy avoit efté donné par la fimilitude de l'Efpine. La Ville fut prife, le Temple pillé, & le Roy tué par fes propres fujets, apres qu'il eut regné vingt & neuf ans. (Cron. 25.)
D. Qui eftoit alors Sacrificateur?
R. Azarja.
D. Qui fut eftabli pour Roy apres luy?
R. Son fils Hozias ou Hafarias. (2. Roys. 15. & 2. Cron. 26.)
D. Qu'eft-il dit de luy?
R. Il adhera à l'Eternel durant la vie du Prophete Zacharie, & pour cela Dieu le fit profperer, & luy fit obtenir plufieurs Victoires fur fes Ennemis. Il aimoit auffi le Labourage. (2. Cron. 26. 10.)
D. Demeura-t-il en fon devoir?
R. Non, car il fit ce qui n'appartenoit qu'aux Sacrificateurs de faire.
D. Quelle fut fa punition?
R. Dieu le frappa de lepre, & il demeura lepreux jufques à fa mort.
D. Comment fe nommoient les Prophetes de ce temps-là?
R. Efaïe, Ofée, Joel & Abbias.
D. Et les Sacrificateurs?
R. Zacharie & Hazarja.
D. Combien de temps regna Hozias?
R. Cinquante deux ans.
D. Qui laiffa-t-il pour fucceffeur?
R. Jotham, fon fils. (2. Roys. 15.)
D. Quelles furent fes Actions?
R. Il fit ce qui eftoit droit devant l'Eternel. Il baftit la plus haute porte (appellée la belle) de la maifon de l'Eternel. Il combattit les Hammonites, & les rendit tributaires. (2. Cron. 27. 5.)
D. Nomme les Prophetes de ce temps-là?
R. Efaïe, Nahum, Michée.
D. Nomme auffi les Sacrificateurs?
R. Ahitub & Tfadoc.
D. Combien de temps regna Jotham?
R. Seize ans.
D. Qui fut fon fucceffeur?
R. Achaz. (2. Roys. 15. & 2. Cron. 28.)
D. Qu'eft-il dit de luy,
R. Qu'il s'adonna à toutes fortes d'abominations. Qu'il fit paffer fon fils par le feu, & qu'il le facrifia à l'Idole de Moloch. Qu'il fut affiegez à Jerufalem par Pekach Roy d'Ifraël, & par Retfin Roy de Syrie. Qu'il rejetta le confeil du Prophete Efaïe. Qu'il tenta Dieu, & qu'il caffa les Vaiffeaux de la Maifon de Dieu.
D. Qui eftoit alors Sacrificateur?
R. Urie.
D. Combien d'années regna Achaz?

R. Auffi feize ans.
D. Qui luy fucceda?
R. Ezechias fon fils (2. Roys. 16.)
D. Comment fe comporta-t-il?
R. Il fit ce qui eftoit droit devant l'Eternel.
D. Quelles furent fes bonnes Actions?
R. Il ouvrit les portes du temple du Seigneur que fon Pere avoit fermées, dans le deffein d'abolir le culte du vray Dieu, & il les repara. Il reftablit les Sacrificateurs & les Levites dans toutes les fonctions de leur charges. Il brifa le ferpent d'airain que Moïfe avoit fait, à qui le peuple vouloit rendre un culte religieux.
D. Avec qui eut-il guerre?
R. Avec Sennacherib Roy des Affyriens. Il s'humilia devant Dieu apres avoir entendu les cruelles infultes de Rabfael, & Dieu envoya vn Ange pendant la nuict qui tua Cent quatre vingt cinq mille hommes du Camp de Sennacherib.
D. Comment fut-il efprouvé par l'Eternel apres tant de felicitez?
R. Il tomba dans une maladie mortelle, & Dieu luy fit dire par le Prophete Efaïe; difpofe de ta maifon, car tu t'en vas mourir & ne vivras plus (2. Roys. 20.)
D. Que fit Ezechias là deffus?
R. Il fit des prieres ardentes à Dieu qui les exauça, & prolongea fa vie de quinze ans.
D. Quelle marque Dieu luy donna-t'il de fa guerifon?
R. Il fit retrograder l'ombre de dix degrez au Quadrant d'Achaz.
D. Quelles furent fes fautes?
R. Au lieu de remercier Dieu, il fit voir par orgueil aux Ambaffadeurs du Roy de Babylone toutes fes Richeffes, & tout ce qu'il avoit de plus magnifique.
D. Comment fut-il repris?
R. Dieu luy envoya le Prophete Efaïe, & luy fit dire que tous fes threfors pafferoient en Babylone. (1. Roys. 20.)
D. Qui eftoient les Prophetes de ce temps-là?
R. Efaïe, Jeremie & la Propheteffe Hulda.
D. Qui eftoit Sacrificateur?
R. Hazarja.
D. Combien de temps regna Ezechias?
R. Vingt & neuf ans.
D. Qui fut fon fucceffeur?
R. Manaffé fon fils.
D. Qu'elles furent fes Actions?
R. Il s'adonna à toutes fortes d'Idolatrie, & il rebaftit tout ce que fon pere avoit détruit. Il fit paffer fes fils par le feu, & il fit tuër le Prophete Efaïe.
D. Comment fut-il puni?
R. Il fut emmené captif en Babylone.
D. Com-

Sainte Ecriture.

D. Comment se comporta-t'il dans cette captivité ?
R. Il témoigna qu'il estoit touché d'une sincere repentance, il pria Dieu de tout son cœur qu'il exauçast ses prieres, & Dieu le fit revenir à Jerusalem, & le restablit dans son Royaume. (2. Cron. 33.)

D. Que fit-il en suite ?
R. Il extermina toute Idolatrie, & redressa le service du vray Dieu.

D. Combien de temps regna-t'il ?
R. Cinquante cinq ans.

D. Qui regna en sa place apres luy ?
R. Son fils Amon. (2. Roys 21.)

D. Qu'est-il dit de sa personne ?
R. Qu'il n'imita son pere que dans ses impietez, & non dans sa penitence. (ch. 21. 19.)

D. Que luy advint-il ?
R. Dieu l'abandonna, & il finit un miserable Regne de deux ans, par une mort violente. (2. Cron. 33.)

D. Qui fut son successeur ?
R. Josias son fils.

D. Que dit de luy l'Escriture ?
R. Qu'il fit ce qui estoit droit devant l'Eternel, & qu'il marcha sur les traces de David.

D. Quelles furent ses Actions ?
R. Il extermina toutes les Idoles de Baal. Il repara le Temple, & ayant entendu la Lecture du livre de la Loy que le Sacrificateur Hilkija avoit retrouvé, il fit assembler tout le peuple & luy fit lire tout ce qui estoit contenu dans ce livre. Il celebra la Pasque avec beaucoup de devotion. (2. Roys 23.)

D. Que luy arriva t-il en suite ?
R. Il mourut d'une blessure qu'il receut en combattans contre Necho Roy d'Egypte, apres avoir regné trente & un an.

D. Quels Prophetes y eut-il en ce temps-là ?
R. Jeremie, Sophonie & la Prophetesse Hulda.

D. Qui estoit Sacrificateur ?
R. Hilkija.

D. Qui luy succeda dans le Gouvernement ?
R. Jehoachaz son fils, (2. Roys 23.) qui ne regna que deux ans.

D. Qu'est-il dit de luy ?
R. Qu'il fit ce qui estoit déplaisant à l'Eternel.

D. Comment fut-il puni ?
R. Necho Roy d'Egypte le deposa, & l'ayant chargé de chaisnes l'emmena avec luy en Egypte, faisant regner au lieu de luy son frere qui s'appelloit Eliakim, à qui il donna le nom de Jehoiakim, & il condamna le pays à une amende de cent talens d'argent, & d'un talent d'or. (2. Roys 25.)

D. Quelles furent les actions de Jehojakim ?
R. Il fit ce qui estoit déplaisant à l'Eternel. Il paya le Tribut au Roy Pharaon Necho. Il mit prisonnier le Prophete Jeremie. Il fit mettre en pieces le Prophete Habacuc, & il fit brusler les Propheties de Baruch.

D. Que luy advint-il sur ces choses ?
R. Il fut pris par le Roy Nabucodonosor, & mené prisonnier à Babylone, apres qu'il eut regné onze ans.

D. Qui fut substitué en sa place ?
R. Son fils Jehojakim. (ch. 14. 6.)

D. Qu'est-il dit de luy ?
R. Que par le Conseil du Prophete Jeremie il se rendit captif au Roy Nabucodonosor, & qu'on emmena avec luy les Prophetes Ezechiel, Daniel, & les trois freres Sadrach, Mesach & Abednego.

D. Combien de temps regna-t-il ?
R. Trois mois. (2. Cron. 36.)

D. Qui fut establi en sa place ?
R. Mattania son oncle, que le Roy de Babylone appella Sedecias.

D. Quelle mention fait de luy l'Ecriture ?
R. Qu'il fit ce qui estoit déplaisant à l'Eternel, & que luy avec tout le Royaume de Juda fut mené en captivité à Babylone.

D. Combien de temps regna-t-il devant sa captivité ?
R. Onze ans.

D. Nomme les Prophetes de ce temps là ?
R. Baruch, Ezechiel, & Jeremie.

D. Qui estoit alors Sacrificateur ?
R. Seraijah.

D. Que fit le Roy Nabucodonosor au Roy Sedecias ?
R. Il fit tuer ses deux enfans en sa presence, & apres ce spectacle funeste il luy fit crever les yeux à luy mesme, le chargea de chaisnes & l'emmena en cet Estat à Babylone.

D. Raconte les principaux Prophetes qui ont esté du temps des Roys.
R. Hiddo, Scemahia, Jehu, Zacharie, Elie, Joel, Esaïe, Nahum, Michée, Sophonie, Jeremie, Hulda, Uzie, Baruch, Ezechiel.

D. Nomme aussi les Sacrificateurs ?
R. Ahias, Azanie, Jehojadah, Zacharie, Amatsias, Ahitub, Tsadoc, Sallam, Hiskia & Seraja.

D. Quelle estoit la Metropolitaine en Judée ?
R. Jerusalem.

D. Quelle estoit la Ville capitale d'Israël ?
R. Samarie.

D. Recite les Roys d'Israël ?
R. Jeroboam, Nadab, Bahasca, Elah, Zimri, Homri, Achab, Achazia, Joram, Jehu, Jehoachaz, Joas, Jeroboam, Zacharie, Sallum, Menahem, Pakachia, Pakach & Hosée.

D. Combien sont-ils en nombre ?

R. Dix & neuf, qui se succedoient les uns aux autres par une suite de violences & d'impietez. (1. Roys 12.)
D. Quelle est l'histoire de Jeroboham ?
R. Le Prophete Ahias luy promit le Royaume sur dix Tribus, en coupant devant luy sa Robe en douze parties, dont il luy en donna dix. Il fit faire deux veaux d'or, dont il mit l'un en Bethel & l'autre à Dan ; il leur dressa des Autels, & tascha d'imiter dans le culte de ces Idoles tout ce qui se faisoit à Jerusalem dans le culte du vray Dieu : en estant repris par le Prophete, il estendit sa main pour le prendre, mais elle se secha aussi tost, & il ne la put retirer à luy jusques à ce que le Prophete obtint sa guerison de celuy qui l'avoit envoyé vers luy. Il envoya sa femme en habit desguisé vers Ahija le Prophete, pour sçavoir l'issuë de la maladie de son fils. (1. Roys 12. 13. & 14.)
D. Combien de temps regna-t-il ?
R. Vingt & deux ans.
D. Nomme les Prophetes de ce temps-là ?
R. Ahija, Hiddo & Semaja.
D. Qui fut son successeur ?
R. Nadab son fils. (1. Roys 14.)
D. Qu'est-il de luy ?
R. Qu'il fit ce qui estoit déplaisant à l'Eternel.
D. Que luy advint-il ?
R. Il fut tué par Bahasça en Guibbethon, apres qu'il eut regné deux ans. (1. Roys 15.)
D. Qui fut Roy apres luy ?
R. Bahasça de la Maison d'Issacar. (1. Roys. 15.)
D. Que fit-il ?
R. Il fit ce qui estoit déplaisant à l'Eternel.
D. Quelles furent ses Actions ?
R. Il eut de cruelles guerres contre le pieux Asa Roy de Juda, & il bastit Rama.
D. Quand mourut-il ?
R. Apres avoir regné vingt & quatre ans. (1. Roys 16.)
D. A qui laissa-t-il le Royaume ?
R. A son fils Ela. (1. Roys 16.)
D. Que fit Ela ?
R. Il fit ce qui estoit déplaisant à l'Eternel.
D. Que luy arriva-t-il pour cela ?
R. Zimri son serviteur se revolta contre luy, & le tua lors qu'il estoit à table, en la seconde année de son Regne. (1. Roys 15.)
D. Qui fut Roy apres luy ?
R. Zimri son serviteur. (1. Roys 16.)
D. Quelles furent ses Actions ?
R. Il frappa toute la Maison de Bahasça, & il n'en laissa pas un en vie (1. Roys 16. 11.)
D. Que luy advint-il là dessus ?

R. Se voyant attaqué & vivement pressé par Homri il fit mettre le feu dans son Palais, & s'y brusla luy-mesme avec toute sa famille, & perdit ainsi en sept jours le Royaume avec la vie. (1. Roys 16. 18.)
D. En quel estat fut alors le Royaume ?
R. Le peuple d'Israël fut divisé en deux, la moitié suivoit Tibni pour le faire Roy, & l'autre moitié suivoit Homri.
D. Comment fut terminée cette division ?
R. Tibni mourut, & Homri regna.
D. Que dit l'Escriture du Roy Homri ?
R. Qu'il fit pis que tous ceux qui avoient esté devant luy ; il bastit Samarie, & il mourut en la douziesme année de son regne. (1. Roys 16. 24.)
D. A qui laissa-t-il le Royaume ?
R. A Achab son fils. (1. Roys 16. 18.)
D. Qu'est-il dit de luy ?
R. Il servit Bahal le Dieu des Sidoniens, & luy dressa un Autel, & se prosterna devant luy. Il tua les Prophetes du Seigneur. Il deffit les Ammonites. Il fit lapider Naboth pour avoir sa vigne, & fit mener prisonnier le Prophete Michée. (1. Roys 22.)
D. Quels Prophetes y avoit-il en ce temps-là ?
R. Elie, Michée & Abdias.
D. Que fit Elie ?
R. Il predit une secheresse de trois ans. Il fut nourri par les corbeaux. Il ressuscita le fils de la Veuve de Serepta. Il tua les Prophetes de Baal. (1. Roys 18.) Il fuit de devant Jezabel dans le desert, & y fut nourri & alimenté par un Ange. (1. Roys 19.) Il menaça Achab & Jezabel de la colere de Dieu, & de sa vengeance à cause de la mort de Naboth. Il reprit Achazia pour avoir consulté Beelzebub, le Dieu des Mouches, (2. Roys 1.) Il pria le Seigneur que le feu descendist du ciel qui consuma Cent hommes. Il divisa le Jourdain avec sa Manteline (2. Roys 2.) & fut ravi au ciel sur un chariot de feu. (2. Roys 2.)
D. Apres qu'Elie fut enlevé de ce Monde ? qui fut Prophete en sa place ?
R. Elizée.
D. Quelles furent ses Actions ?
R. Il divisa les Eaux du Jourdain avec la manteline d'Elie. (2. Roys 2.) Il rendit saines les Eaux de Jerico. Allant en la ville de Bethel il trouva en chemin des petits Enfans qui se railloient de luy, lesquels il maudit au Nom du Seigneur, & il sortit deux Ours, d'une forest prochaine qui devorerent quarante deux de ces Enfans. (ch. 2.) Il promit à Joram à Josaphat au Roy d'Edom & à leur Armée, non seulement de l'eau, mais

encore la Victoire sur Moab. (ch. 3.) Il benit le pot d'huile de la Veuve de Sçunem, laquelle il delivra d'une longue sterilité, & luy obtint la Grace d'avoir un fils, mais cet Enfant estant mort fort jeune il le ressuscita. (ch. 4.) Il guerit de la Lepre Naaman chef de l'Armée. (ch. 5.) Il fit nager sur l'eau le fer d'une Coignée. (ch. 6.) Il descouvre au Roy d'Israel les embusches du Roy de Syrie contre luy. Il asseura le peuple abbatu de famine que le lendemain les vivres se donneroient presque pour rien en Samarie. (ch. 7.) Il predit pour sept ans la famine aux Sçunamites. Il presagea la Mort de Benhadab & le restablissement d'Hazaël. (2. Roys 8.)

D. Qui succeda au Roy Achab?
R. Son fils Achazia. (1. Roys 22.)
D. Quelle mention est-il fait de luy?
R. Il fit ce qui estoit déplaisant à l'Eternel, & il regna deux ans.
D. Comment fut-il puni?
R. Les Moabites se rebellerent contre luy, & il tomba par les treillis de sa chambre haute qui estoit en Samarie, dont il devint malade. (2. Roys 1.)
D. Comment se conduisit-il en cela?
R. Il envoya des Messagers vers Beelzebub pour demander s'il gueriroit de cette maladie.
D. Que fit l'Eternel en suite?
R. Il luy fit dire par le Prophete Elie, que pour avoir consulté Beelzebub il ne releveroit point de cette maladie.
D. Que s'ensuivi-t-il?
R. Il mourut, & d'autant qu'il n'avoit point de fils, son frere Joram fut Roy en sa place. (2. Roys 1.)
D. Qu'est-il dit de luy?
R. Qu'il fit ce qui estoit déplaisant à l'Eternel, qu'il eut guerre avec les Moabites qui s'estoient rebellez, & aussi avec Hazaël, & que dans cette derniere il fut percé d'un coup de flèche par Jehu, apres qu'il eut regné douze ans. (2. Roys 9.)
D. Quels Prophetes y eut-il en ce temps-là?
R. Elisée & Michée.
D. Qui succeda à Joram?
R. Jehu.
D. Quelles furent ses Actions?
R. Il fit tuer Achazja Roy de Juda, & mit à mort Joram le Roy d'Israël, & fit jetter par la fenestre Jezabel. (2. Roys 9.) Il fit mourir soixante & dix Enfans d'Achab, & quarante deux freres d'Achazja. (2. Roys 10.)
D. Qui fust establý Roy apres luy?
R. Joachaz. (2. Roys 10.)

D. Qu'est-il dit de luy?
R. Qu'il fit ce qui estoit déplaisant à l'Eternel.
D. Comment fut-il puni?
R. Il fut opprimé par Hazaël Roy de Syrie, avec tout le peuple d'Israël. (2. Roys 13.)
D. Perseverá-t-il en ses pechez?
R. Non, il supplia l'Eternel, qui donna un Liberateur à son peuple.
D. Cette affliction luy servi-t-elle de Correction?
R. Non, il suivit son premier train.
D. Que luy arriva-t-il à la fin?
R. Le Roy de Syrie le deffit avec son peuple, & les brisa comme la poussiere, & luy mourut en la dix & septiéme année de son Regne. (2. Roys 13.)
D. Qui fut son successeur?
R. Son fils Joas. (2. Roys 13.)
D. Que dit l'Escriture de sa Personne?
R. Qu'il frappa par trois fois Benadab fils d'Hazaël; qu'il prit Amasita Roy de Juda, & qu'apres avoir abbattu une partie des murailles de Jerusalem il pilla le Temple. (2. Roys 14.)
D. Que luy advint-il?
R. Il mourut apres avoir regné seize ans.
D. Qui fut Roy apres luy?
R. Son fils Jeroboam. (2. Roys 14.)
D. Qu'est-il dit de luy?
R. Qu'il fit ce qui estoit déplaisant à l'Eternel.
D. Quelles furent ses Actions?
R. Il restablit les bornes d'Israël.
D. Quand mourut-il?
R. En l'an quarante & un de son Regne.
D. Quels Prophetes y eut-il de ce temps là?
R. Osée, Amos & Jonas.
D. Qui fut son successeur?
R. Zacharie. (2. Roys 14.)
D. Qu'est-il dit de luy?
R. Qu'il fit ce qui estoit déplaisant à l'Eternel.
D. Que luy advint-il?
R. Il fut tué par Sçallum, apres qu'il eut regné six ans, & Sçallum fut Roy en sa place. (ch. 15.)
D. Qu'arriva-t-il à Sçallum?
R. Menahem le fils de Gadi le tua, & se mit sur le Trône, apres que Sçallum eut regné un mois. (2. Roys 15.)
D. Qu'est-il dit de luy?
R. Qu'il fit ce qui estoit déplaisant à l'Eternel.
D. Comment fut-il puni?
R. Pul le Roy des Assyriens vint au pays, & Menahem luy donna mille talens d'argent, afin qu'il se retirast.

D. Combien regna-t-il ?
R. Dix ans.
D. Qui laissa-t-il pour successeur ?
R. Pekachia son fils. (2. Roys 15.)
D. Qu'est-il dit de luy ?
R. Qu'il fit ce qui estoit déplaisant à l'Eternel.
D. Combien regna-t-il ?
R. Deux ans.
D. Que luy advint-il ?
R. Il fut tué par Pekach, à qui escheut le Royaume.
D. Qu'est-il dit de luy ?
R. Qu'il fit ce qui estoit déplaisant à l'Eternel.
D. Comment fut-il puni ?
R. Tiglath Pileser Roy d'Assyrie vint & prit tout le pays de Nephthali, & emmena une partie du peuple d'Israël en Assyrie. (2. Roys 15.)
D. Comment perdit-il le Royaume ?
R. Par la mesme voye par laquelle il y estoit entré, Hosée le tua en l'année 20. de son Regne, & il regna en sa place.
D. Que fit Hosée ?
R. Il donna la permission aux Juifs d'aller trois fois l'année en Jerusalem. Salmaneesel l'assujettit, rendit son Royaume tributaire, & transporta les Israëlites dans ses terres, d'où ils se sont répandus dans toutes les parties Septentrionales de l'Asie ; & c'est ainsi que finit le Royaume d'Israël. (ch. 17.)
D. Quels Prophetes y eut-il en ce temps-là ?
R. Asias, Jehu, Elie, Michée, Elisée, Abdias, Hosée, Amos, Jonas, Joel.
D. Raconte les principaux Roys de Babylone qui ont le plus molesté & opprimé le peuple d'Israël ;
R. 1. Benadad Balahon, lequel honoroit le Prophete Ezechiel. 2. Nabucadnetsar qui vainquit les Assyriens, & emmena Juda prisonnier ; il estoit orgueilleux & superbe, & devint comme les bestes brustes, mais il revint apres à soi, & fût restabli en son Royaume. 3. Nabucadnetsar le Mineur qui orna le Temple. 4. Evilmerodach Beltzasar, qui voyant une main qui écrivoit contre la paroy en fut effrayé, & mourut.
D. Quelle estoit la Ville Capitale des Babyloniens ?
R. Babylone.
D. Qui furent les Roys de Syrie qui oppriment le peuple d'Israël ?
R. Renadab, Rezin & Hazaël.
D. Quelle estoit la Ville Capitale de la Syrie ?
R. Damas.
D. Qui sont les Roys de Syrie qui ont fait la guerre aux Israëlites ?
R. Pul, Tiglath-Pileser, Salmaneeser, Senacherib & Ischardam.
D. Quelle estoit la Ville Capitale d'Assyrie ?
R. Ninive.

Fin du Livre des Roys.

Le Livre des Croniques.

D. Comment nomme-t'on le livre suivant ?
R. Le livre des Croniques, ou le Journal.
D. Que contiennent principalement les deux livres des Croniques ?
R. L'estat du Royaume d'Israël.
D. Comment est-il divisé ?
R. En trois parties. 1. Il traitte du Commencement du Royaume. 2. De son Accroissement. 3. De sa Ruine.
D. Qui a-t-il à considerer dans le commencement de ce Royaume ?
R. 1. L'Origine de ce peuple. 2. L'Establissement de son Royaume particulier.
D. Comment est descrite son origine ?
R. Elle comprend. 1. En general tout le temps qui s'est passé depuis Adam jusques au Patriarche Jacob. 2. Elle s'estend aux douze Tribus des Enfans de Jacob.
D. Sous qui est-ce que le Royaume prit son commencement ?
R. Premierement sous le Roy Saül, & puis sous le Roy David.
D. Qu'est-il dit de Saül ?
R. Il est parlé. 1. De son Extraction. 2. De ses Parens. 3. De ses Enfans & de sa Posterité ; 4. Et comme son Royaume fut transporté à un autre.
D. Qu'est-il dit de David ?
R. 1. On y void par combien de difficultez & de persecutions il est parvenu au Royaume. 2. On y remarque sa conduite en l'Estat Ecclesiastique & Politique, & ses Actions de Guerre & de paix. 3. On y découvre sa Mort, & le grand soin qu'il a eu pour l'establissement du Royaume.
D. Quels successeurs eut David dans le Royaume ?
R. Tous les Roys qui depuis Salomon son fils succederent l'un à l'autre jusques à Joachim qui est aussi appellé Jechonias, avec lequel la famille de Salomon finit. (Jerem. 22.) Il eut aussi pour successeurs dix Capitaines qui sont descendus de son fils Nathan, frere de Salomon. (2. Roys 24. 15. 21. Luc. 3. 27. 1. Cron. 3. 17. 18.) où Salathiel succeda à Jechonias le prisonnier, qui estoit de la Posterité de Nathan. De ce Salathiel estoient

Sainte Ecriture. 33

estoient les successeurs du sang royal depuis qu'ils furent de retour de la captivité de Babylone en Jerusalem.
   D. En quel temps fut le Royaume le plus florissant?
R. Sous le Roy Salomon, combien qu'alors on y connut déja plusieurs deffauts.
   D. Quand commença-t'il à decliner?
R. Du temps de Roboam; car dés lors declinant toûjours insensiblement sous le Regne de chaque Roy, ce Royaume fut enfin destruit à cause de ses iniquitez, & le peuple fut reduit sous la captivité.
   D. Quand furent-ils emmenez captifs?
R. Au temps d'Osée Roy d'Israël.
   D. Par qui?
R. Par Salmaneser Roy d'Assyrie.
   D. En quel temps est-ce que le Roy Juda fut mis en servitude?
R. Au temps du Roy Ezechias.
   D. Par qui fut-il fait esclave?
R. Par Nabucadnetsar Roy des Chaldéens, qui le ruïna, n'épargnant ni jeune, ni vieux, ni homme, ni femme, mais les faisant presque tous passer par l'espée; & ayant pris tous les tresors de la Maison de l'Eternel, du Roy & des Princes, il brusla le Temple, destruisit la Ville, & il mena captif en Babylone le peuple qui resta.
   D. Pourquoy furent-ils ainsi destruits?
R. Parce qu'ils avoient suivi l'abomination des Gentils, pollüé la Maison de l'Eternel, & méprisez les Messagers de Dieu, se mocquans de sa parole, & abusans de ses Prophetes.
   D. Puis que ce livre remarque l'ordre des temps, & qu'il sert particulierement à dresser la supputation des années de l'histoire Sainte, dis moy en combien d'âges le monde est divisé?
R. Il est divisé par quelques-uns en sept.
1. Le premier a commencé avec le Monde, & s'est terminé au Deluge.
2. Le second âge a commencé à la fin du Deluge, & s'est terminé à la vocation d'Abraham.
3. Le troisième a commencé à la vocation d'Abraham, & s'est terminé à la delivrance du peuple Juif de l'Egypte.
4. Le quatrième âge a commencé à la sortie du peuple Juif de l'Egypte, & s'est terminé à la fondation du Temple de Salomon.
5. Le cinquième a commencé à la fondation du Temple, & s'est terminé à la fin de la captivitez des Juifs, lors que Cyrus leur permit de s'en retourner.
6. Le sixième âge a commencé à la liberté que Cyrus accorda aux Juifs, & s'est terminé à la naissance de Jesus-Christ.

7. Le septiesme âge, enfin, a commencé à la Naissance de Jesus-Christ, & se terminera à la fin du monde.
   D. Qu'est-il arrivé de plus memorable durant ce temps-là, & quelle chose adviendront encore jusques à la fin du Monde?
R. La Creation du monde. Le Deluge. La Circoncision. L'establissement & l'Onction des Roys. La Captivité de Babylone. L'Incarnation de Jesus-Christ, & l'ouverture du Royaume des Cieux par la Predication de l'Evangile, & la Resurrection des Morts au jour du Jugement, c'est ce qui doit arriver.
   D. Combien de temps & d'âges sont contenus en ce livre des Croniques?
R. Cinq: depuis la Creation du Monde jusques à la fin de la captivité des Juifs lors que Cyrus leur permit de s'en retourner.
   D. Raconte les vieux Peres du premier Monde?
R. Adam, Seth, Enoch, Kenan, Malaleel, Jared, Enoch, Methusela, Lamec, Noé, & ce premier âge comprend 1656.
   D. Combien de temps comprennent les autres âges?
R. Le second âge comprend 426. ans.
Le troisième âge comprend 430. ans.
Le quatrième âge comprend 479. ans.
Le cinquième âge comprend 476. ans.
Le sixième âge comprend 532. ans.
   D. Combien d'années se sont écoulées depuis le dernier âge jusques à nostre temps?
R. Mille six cens septante & dix-huit.
   D. Qui estoit le fils d'Abraham selon la Promesse?
R. Isaac.
   D. Qui estoit le fils d'Isaac:
R. Jacob.
   D. Lequel des douze fils de Jacob eut le Royaume?
R. Juda, duquel est issu Jesus-Christ selon la chair.
   D. Lequel d'entr'eux eut la Sacrificature?
R. Levi.
   D. Quels Gouverneurs eurent-ils au commencement?
R. Des Capitaines, comme Moyse & Josué.
   D. Et apres les Capitaines?
R. Les Juges; comme il appert par le livre des Juges.
   D. Recite la Genealogie depuis Juda jusques au Roy David?
R. Phares, Esram, Aram, Aminadab Naasson, Salmon, Boos, Obed, Jessé & David.
   D. Qui a succedé à David?
R. Salomon.
   D. Et à Salomon?
R. Roboham.

I

Croniques.

D. Raconte les Sacrificateurs depuis Aaron jusques à Achitub?
R. Eleazar, Phinée, Abistma, Buni, Huzi, Tsseruja, Merajoth, Amazja, Achitub.
D. Pourquoy est-ce que Josaphat fut appellé Roy d'Israël?
R. Parce que Dieu fut appellé le Dieu d'Israël, à cause du Patriarche Jacob, auquel il l'avoit promis, de là vint qu'Israël est souvent pris pour Juda, qui estoit son peuple principal.
D. Recite les Ancestres de Jesus-Christ Nostre Sauveur?
R. On les peut lire au troisiéme Chapitre de l'Evangile selon Saint Luc. (vers. 23.)

Fin du livre des Croniques.

Le Livre d'Esdras.

D. Pourquoy ce livre est-il ainsi nommé?
R. Parce que le S. Esprit s'est servi d'Esdras pour faire rediger par escrit cette Histoire.
D. Quel est le contenu de ce livre?
R. Il descrit les choses advenuës au peuple de Dieu, depuis la premiere année de Cyrus, jusques à l'an dix & neuviéme de Cyrus Longuemain.
D. Comment est-il divisé?
R. En deux parties, la premiere contient dans les deux premiers chapitres le retour des Enfans d'Israël à Jerusalem, apres que les soixante & dix ans de la captivité furent accomplis. La seconde traitte de leur restablissement en leur pays.
D. En quel temps retourna le peuple à Jerusalem?
R. En la premiere année du Regne de Cyrus, qui estoit la soixante & dixiéme de leur captivité, selon la Prophetie de Jeremie.
D. Quelle fut la cause de leur delivrance, & de leur retour?
R. La cause principale estoit le S. Esprit, qui touchant le cœur de Cyrus le porta à delivrer ce peuple, & à le laisser retourner à Jerusalem. La cause seconde ou moyenne fut Cyrus Roy de Perse.
D. Que fit donc Cyrus?
R. Il affranchit le peuple esclave, & luy donna les choses necessaires pour achever son voyage.
D. Comment est-ce que cela fut manifesté?
R. Cyrus le fit publier par tout son Royaume, & mesme par lettres.
D. Puis que le peuple d'Israël a esté mené en captivité par Salmaneser Roy d'Assyrie,

L'Histoire de la

(2. Roys 17.) & ensuite le peuple de Juda par Nabucodonosor Roy de Babylone (2. Roys 15.) Comment est-ce que Cyrus Roy de Perse les a pû affranchir?
R. Berodach Baladon Roy de Babylone ayant vaincu Esserda Roy d'Assyrie Nepveu du Roy Salmaneser, il assujettit le Royaume d'Assyrie à la Monarchie des Chaldéens, de sorte que les Israëlites estoient déja prisonniers depuis dix & sept ans lors que Nabucodonosor subjuga le Royaume de Juda, & comme ensuite Cyrus Roy de Perse, avec le Roy des Medes Darius eut deffait Beltzasar Roy de Babylone & conquit le Royaume, (Dan. 5.) il affranchit les Juifs, & les laissa retourner à Jerusalem.
D. Pourquoy est-ce que Cyrus affranchit les Juifs, & les laissa aller libres à Jerusalem?
R. Pour rebastir le Temple de Dieu.
D. Comment ce pauvre peuple fut-il pourveu des choses necessaires pour faire une œuvre de si grande importance?
R. Le Roy luy donna tous les vaisseaux d'or & d'argent que le Roy Nabucodonosor avoit tiré de Jerusalem.
D. Quel fut le nombre de ceux qui retournerent la premiere fois à Jerusalem?
R. Quarante deux mille trois cents soixante, & sept mille trois cents trente sept de leurs serviteurs & servantes, en tout 49697. personnes.
D. Quels furent leurs Conducteurs?
R. Zorobabel & Jesçuah le Sacrificateur.
D. Comment se restablirent-ils & se fortifierent-ils dans le pays?
R. Le Sacrificateur Esdras le descrit dans la seconde partie de son livre, qui commence au (ch. 3.)
D. Que doit-on y considerer? Il parle premierement de ce qui concerne la religion?
R. Quatre choses: 1. Le commencement de l'Oeuvre. 2. Ses Obstacles. 3. Son Progrez, 4. Et son Accomplissement.
D. Que dit Esdras de son Commencement?
R. Il declare la preparation & la maniere avec laquelle les fondemens du Temple furent jettez.
D. Quelle fut la Preparation?
R. Tout le peuple s'assembla en un. (ch. 2.)
D. Que firent-ils estant assemblez?
R. Ils offrirent premierement des Holocaustes à l'Eternel, ils celebrerent la feste solemnelle des Tabernacles. Ils firent en second lieu des preparatifs pour le bastiment, en argent, en materiaux, & en ouvriers.
D. Quels estoient ceux qui procuroient l'advancement de cét Ouvrage?

R. Les Principaux, les Sacrificateurs, & tout le peuple.

D. Que fit le peuple lors que les Ouvriers fondoient le Temple de l'Eternel?

R. Ils loüerent & celebrerent le Seigneur, mais ils estoient agitez de pensées bien contraires, les uns se rejoüissans de voir bastir un nouveau Temple, & les anciens pleurans en se souvenant du premier.

D. Cet Ouvrage si excellent fut-il donc interrompu?

R. Oüy: ce grand dessein eut de grands empeschemens.

D. Qui empescha cette entreprise?

R. Les ennemis de Juda & de Benjamin.

D. Que firent-ils donc?

R. Ils firent mine d'abord de vouloir les aider à bastir, mais estant refusez par les chefs, ils taschèrent d'empescher & d'effrayer les Ouvriers, & cela ne leur succedant pas, ils escrivirent des accusations calomnieuses au Roy contre les habitans de Jerusalem, & par ce moyen le travail fut interrompu.

D. Comment fut levé cet empeschement?

R. Les Juifs furent exhortez par les Prophetes Aggée & Zacharie à recommencer cet Ouvrage, sur quoy ils envoyerent un escrit de leur intention au Roy Darius, lequel ayant en mesme temps retrouvé l'Edict de Cyrus, deffendit aux Gouverneurs d'empescher en aucune maniere le restablissement du Temple, & il fournit mesme tout ce qui estoit necessaire pour cette despense.

D. Combien d'articles contenoit le Commandement du Roy?

R. Trois, 1. Il deffendoit d'empescher cet Ouvrage. 2. Il ordonna qu'on aideroit aux Juifs, & qu'on leur fourniroit tout ce qui seroit requisitant pour rebastir le Temple, que pour restablir le service de Dieu. 3. Il menaça les Contrevenans, qu'ils seroient punis & exterminez sur un bois arraché de leur propre maison, & qui leur serviroit de gibet.

D. Le peuple ayant esté encouragé par les Prophetes, & le Roy ayant forny les choses necessaires, on retourna à rebastir le Temple?

R. Oüy: ils acheverent le Temple & le consacrerent, & ils celebrerent la Pasque avec beaucoup de joye.

D. Voila ce qui concerne les affaires de l'Eglise; il reste à voir l'Establissement du Gouvernement politique. Qui a-t-il à y remarquer?

R. Trois choses. 1. Quel fut le principal organe dans ce restablissement. (ch. 7.) 2. Son Voyage à Jerusalem. (ch. 8.) 3. Ses Actions, comme tout se passa. (ch. 9. & 10.)

D. Qui en fut le principal instrument?

R. Sa Personne, son Nom, ses Parens, & ses Ancestres: sa Vocation, son grand Credit, son Authorité, son Zele en la religion, & ses autres qualitez se voyent au (ch. 7.) de ce livre.

D. Quel fut son Nom?

R. Esdras.

D. De quelle Lignée fut-il?

R. De la Lignée d'Aaron premier Sacrificateur.

D. Quelle fut sa Vocation?

R. Il estoit Scribe, exercé en la Loy de Dieu.

D. Quel fut son Credit?

R. Il estoit dans les bonnes Graces du Roy. Il estoit aimé du peuple, & la main de son Dieu estoit sur luy. (ch. 7. v. 6. 9.)

D. Quelle fut son Authorité?

R. Il obtint du Roy Artaxerxes des Patentes par lesquelles luy fut baillé l'Authorité non seulement de retourner en Judée avec tous les Juifs, & d'y porter tous leurs vaisseaux d'or & d'argent & les autres richesses, mais mesme de restablir le service de Dieu, & la Police du peuple, de chastier les transgresseurs de la Loy par Mort, par bannissement, par amandes pecuniaires & par emprisonnement.

D. De quelle Religion estoit-il?

R. Son Cœur estoit porté à s'enquerir de la Loy de l'Eternel, à la garder, & à enseigner au peuple d'Israel les Statuts & les ordonnances de son Dieu.

D. Que trouves-tu dans le huictième chapitre touchant la sortie d'Esdras hors de Babylone?

R. Le dénombrement de ceux qui retournerent de la captivité avec luy, & la celebration du Jeune pour demander l'assistance & la benediction de Dieu en leur Voyage.

D. Que remarques-tu du peuple?

R. Qu'il estoit prompt & bien porté à ce voyage, mais que les Levites estoient plus tardifs, jusques à attendre qu'il leur fut fait commandement de venir pour servir à la Maison de l'Eternel.

D. Quelle Compagnie, & quel secours eurent-ils en leur Voyage?

R. Esdras ayant honte de demander au Roy des forces & des gens de cheval, publia un Jeusne, & supplia l'Eternel qu'il luy plût les conduire par sa faveur, & par son assistance divine.

D. Que fit Esdras quand il fut arrivé à Jerusalem?

R. 1. Il delivra l'argent & l'or, & les utenciles aux Sacrificateurs.

2. Il offrit des Sacrifices.
3. Il donna aux Satrapes & aux Gouverneurs les ordres qu'il avoit du Roy de travailler au soulagement du peuple, & au restablissement de la Maison de Dieu.
4. Il donna audience aux Principaux, au sujet des desordres qui s'estoient glissez parmy le peuple pour les corriger.

D. Comment furent corrigez ces desordres?
R. 1. Par une confession sincere, suivie de pleurs & de prieres.
2. Par l'alliance qu'ils traitterent avec l'Eternel, dans laquelle ils s'engagerent de vivre selon sa parole.
3. Par le renvoy de toutes les femmes estrangeres & infideles.
4. Par le Sacrifice qu'ils offrirent pour leurs pechez.

Fin du Livre d'Esdras.

Le Livre de Nehemie.

D. Pourquoy ce livre est-il intitulé du nom de Nehemie?
R. Parce que ses Actions memorables, & les choses advenuës en l'Eglise sous son Gouvernement y sont recitées.
D. Quel est donc le contenu de ce livre?
R. Il traitte du restablissement des murs de la Ville de Jerusalem.
D. En combien de parties est-il divisé?
R. En deux : la premiere concerne la cause principale de cét ouvrage, & la seconde l'ouvrage en soy-mesme.
D. Qui est donc la cause principale de cét Ouvrage?
R. L'Eternel, par le Ministere de Nehemie.
D. Qui estoit ce Nehemie?
R. Il estoit Juif d'extraction, homme de Cœur, & Eschanson du Roy Artaxerxes en Susan, Ville capitale de Perse, bastie par le Roy Darius.
D. Comment fut-il poussé à cét ouvrage?
R. Par les nouvelles qu'il eut du miserable Estat des Juifs & de la ville de Jerusalem.
D. Par qui en eut-il advis?
R. Par Hannani, & par autres personnes de Juda.
D. De quoy fut-il donc adverti?
R. De la grande misere & de l'opprobre du peuple qui estoit à Jerusalem.
D. Et qu'aprit-il de la Ville?
R. La destruction de ses Murailles & l'embrasement de ses Portes.

D. De qui demanda-t-il assistance pour y remedier?
R. De Dieu & des hommes.
D. Que demanda-t-il à Dieu?
R. S'estant humilié devant luy, & ayant fait confession des pechez des Enfans d'Israël, il le requit qu'il fist prosperer son serviteur.
D. Que demanda-t-il aux hommes?
R. Il pria le Roy & la Reyne de luy permettre d'aller voir encore une fois la Ville où reposoient ses Peres, & de luy donner des lettres addressées au Gouverneur du pays, & les moyens de rebastir les Murs de cette Ville, & d'en restablir les Tours.
D. Qu'obtint-il par ses demandes?
R. Dieu l'exauça, & le Roy luy accorda sa demande, ainsi il se rendit sain & sauf à Jerusalem.
D. Comment est divisée la seconde partie de ce livre?
R. Elle traitte premierement du restablissement des Murs de la Ville de Jerusalem. (ch. 3. 4. 5. 6. 7. 8.) & en second lieu des ordonnances, tant pour l'ordre Ecclesiastique, que pour l'Estat politique.
D. Que doit-on considerer au restablissement des Murs de la Ville?
R. Trois choses. 1. Le Commencement de l'Ouvrage. 2. Ses Obstacles. 3. Son Accomplissement.
D. Qu'y a-t-il à remarquer dans son commencement?
R. Trois choses. 1. La visite des Murailles & leurs deffauts.
2. La consultation des Principaux pour ce sujet.
3. L'ordre qu'on tint à rebastir ses murailles. (ch. 2. & 3.)
D. Quels obstacles y fit-on?
R. 1. Les Ennemis se mocquerent de leurs entreprise. (ch. 2. 19.)
2. Sanballat, Tobija & Gnesçem souleverent les Samaritains & tous les autres peuples d'alentour pour traverser cét Edifice. (ch. 4.)
3. Il y eut des complaintes entre eux-mesmes à cause des usures dont ils estoient oppressez. (ch. 5.)
4. De faux Prophetes furent gagnez par argent afin d'espouvanter Nehemie, & de le destourner de cét ouvrage. (ch. 6.)
D. Comment furent esloignez ces Obstacles?
R. Nehemie ayant prié le Seigneur avec zele & courage, opposa sa vigilance aux embusches des Ennemis, & la force à leurs violences, & ce fut en cette rencontre qu'on vit pour la premiere fois des hommes tenir la truelle d'une main & l'espée de l'autre, pour estre

Sainte Ecriture.

estre tousiours prests à combattre ceux qui viendroient troubler leurs travaux. (ch. 4.) & par ce moyen il acheva son entreprise, & les Murs de Jerusalem furent entierement restablis. (ch. 6.)

D. Que fit-il apres que les Murs furent restablis ?

R. 1. Il fit mettre les portes à la Ville, & donna ordre qu'elle fût soigneusement gardée. (ch. 7.)

2. Il leut le livre de la Loy devant tout le peuple en la place qui estoit devant la porte des Eaux, sur un lieu eminent basti de bois qu'on avoit dressé pour cela. (ch. 8.)

3. Il celebra la feste solemnelle des Tabernacles avec beaucoup de joye & de devotion. (ch. 8.)

D. Comment fut faite la Lecture du Livre de la Loy ?

R. D'une voix claire & intelligible, & les Levites donnoient à entendre la Loy au peuple chacun à ceux qu'il avoit en charge.

D. Combien de choses doit-on remarquer dans le restablissement de l'ordre politique ?

R. Quatre choses.

D. Qu'elle est la premiere ?

R. Leur repentance & la sincere confession de leur pechez.

D. En quoy pouvoit-on connoistre leur repentance ?

R. En ce qu'ils celebrerent un Jeûne solennel estant vestus de sacs & ayant de la poudre sur eux. (ch. 9.)

D. En quoy consistoit leur Jeusne ?

R. Non seulement en l'abstinence de leur nourriture ordinaire, mais sur tout en une profonde humiliation, en confession & reconnoissance de leurs pechez, en prieres pour en obtenir la remission, & en la lecture & la Meditation de la Loy de Dieu ; faisant ces choses quatre fois le jour.

D. Quelle est la seconde chose qu'on doit observer en l'ordre politique ?

R. Le Renouvellement de l'Alliance avec Dieu, laquelle ils mirent par escrit, & les Principaux d'entre-eux, les Levites & les Sacrificateurs y apposerent leurs seins. (ch. 9.)

D. Que promit le Peuple en cette Alliance ?

R. 1. De n'avoir aucun commerce avec les femmes estrangeres, & avec les Nations idolâtres.

2. De celebrer le Sabbath & de le sanctifier.

3. De fournir aux Levites & aux Sacrificateurs les choses necessaires pour leur entretien. (ch. 10.)

D. Quelle est la troisiesme chose qu'on doit remarquer dans l'ordre de leur police ?

R. Que les principaux du peuple s'establirent à Jerusalem, & qu'on choisit par sort ceux qui y devoient demeurer pour l'entretien de la Ville, du Temple, & pour vaquer au service de la Religion. (ch. 11.)

D. Et quelle est la quatriéme ?

R. Nehemie repurgea l'Eglise de beaucoup de corruptions, il donna ordre pour l'observation du Sabbath ; & à ce que les Mariages illicites des fideles avec les infideles ne fussent pas supportez.

Fin du Livre de Nehemie.

Le Livre d'Ester.

D. Pourquoy est-ce que ce livre est intitulé du Nom d'Ester ?

R. Parce qu'il y est fait mention principalement d'une femme qui portoit ce Nom.

D. De quoy traitte-t-il ?

R. Du grand danger dans lequel la Nation des Juifs fut jettée par ses Ennemis, & comment elle en fut delivrée par la bonté & misericorde inestimable de Dieu.

D. Quel en est le but ?

R. Que nous nous portions à la patience dans nos miseres, par la consolation que nous donne la Sainte Escriture, & par l'esperance de nostre delivrance.

D. Comment est divisé ce livre ?

R. En deux parties : dont la premiere regarde la Personne d'Ester, & la seconde concerne generalement l'Estat des Juifs qui estoient sous le Regne du Roy Assuërus.

D. Que doit-on considerer en la Personne d'Ester ?

R. 1. Son changement admirable, estant d'une pauvre Esclave devenuë Reyne & femme d'Assuërus qui estoit un si grand Monarque. 2. Ses Actions estant Reyne.

D. Qu'y a-t-il à remarquer en l'Estat des Juifs ?

R. 1. Leur calamité & le grand danger dans lequel ils se trouvoient. 2. Leur delivrance toute miraculeuse.

D. Et que remarque-t-on touchant ces deux choses ?

R. 1. Le moyen duquel le Seigneur par sa Providence plus qu'admirable se servit pour les delivrer. 2. L'Auteur du danger, & le danger en soy-mesme.

D. Quel en fut l'organe ou le moyen ?

R. Ce fut une pauvre fille nommée Ester, que Dieu establit pour Reyne.

K

Efter. L'Histoire de la

D. Que remarques-tu en l'élevation d'Efter?
R. 1. La cause. 2. Son Mariage.
D. Quelle fut la cause de son Elevation?
R. 1. La conduite de la Reyne Vafçti que le Roy repudia.
2. Le Conseil des Sages de Perse.
3. La belle taille & l'admirable Beauté d'Efter.
D. En quel temps fut repudiée la Reyne Vafçti?
R. Lors qu'Affuërus l'an troisiesme de son Regne fit un grand festin à Susan à tous ses principaux Seigneurs.
D. Qui ordonna ce festin, & comment?
R. Le Roy Affuërus, qui regnoit sur 127. Provinces, fit ce festin tres-magnifique de cent quatrevingt jours à tous les principaux Seigneurs de ses pays: La Reyne Vafçti en fit un pareil aux Dames; & quand ces jours furent finis le Roy fit aussi un festin par sept jours à tout le peuple qui se trouva en la Ville de Susan.
D. Qu'y eut-il à blasmer en ce Festin?
R. Deux choses: La premiere, que le Roy le fit pour monstrer les Richesses & la Gloire de son Royaume, & de sa Grandeur. La seconde fut l'excez qui parut en ce festin, tant en sa durée de 180. jours, qu'en sa Magnificence.
D. Qu'y eut-il de loüable en ce Festin?
R. Ce que le Roy commanda expressément à tous ses Maistres d'hostel de ne contraindre personne de boire plus qu'il ne vouloit, & de servir chacun à sa volonté.
D. Pourquoy fut repudiée la Reine Vafçti?
R. Parce qu'elle refusa de se presenter devant le Roy, lors qu'il la fit appeller par les Eunuques.
D. Par qui fut-elle chassée de la Maison Royale.
R. Par les sept Seigneurs de Perse & de Mede qui étoient les principaux Conseillers du Roy, qui firent publier un Edict que toutes les femmes rendroient honneur & obeïssance à leurs Maris depuis les plus grandes jusques aux plus petites
D. Apres que la Reyne fut chassée, quel Conseil donnerent ces sept Seigneurs au Roy?
R. Qu'on fit assembler par toutes les Provinces du Royaume les plus belles filles, & que celle que le Roy choisiroit pour femme fust establie pour Reyne, & Efter se trouva parmi ces filles.
D. Qui estoit Efter?
R. Une pauvre fille Juifve, née parmi les captifs, qui n'avoit ni pere ni mere, cousine de Mardochée, qui l'adopta & l'esleva.
D. Pourquoy fut-elle preferée à d'autres?

R. A cause de sa beauté, de son honnesteté, de sa modestie, & de son humilité, de sorte que par ses Vertus, elle gagna la bien-veillance de tous, & les bonnes graces du Roy; qui l'aima par dessus toutes les femmes.
D. Fut-elle choisie du Roy pour estre sa Concubine.
R. Non, mais il la prit pour femme, & l'establit pour Reyne.
D. Quelles furent les ceremonies de ce mariage?
R. 1. Il mit la Couronne du Royaume sur sa teste.
2. Il fit un grand festin à tous les principaux Seigneurs de ses pays, & à tous ses serviteurs.
3. Il donna du soulagement aux Provinces, & fit des presens selon sa puissance Royale.
D. Apres qu'Efter fut eslevée sur le Thrône, fut elle abandonnée de Mardochée?
R. Non, il se rendit tous les jours à la Porte Royale pour apprendre de ses nouvelles.
D. Que luy advint-il comme il estoit assis à la Porte du Roy?
R. Deux choses. Premierement il descouvrit une conspiration contre le Roy; les Traistres furent reconnus & pendus à un giber, & cela fut escrit aux livres des Croniques du Royaume.
D. Quelle fut la seconde chose qu'il y observa?
R. Un malheureux complot contre la Nation des Juifs.
D. Qui fut l'autheur de ce complot?
R. Haman, que le Roy avoit eslevé au plus haut comble de la Gloire, comme son principal Favori.
D. Quel en fut le sujet?
R. Le refus que fit Mardochée de fleschir les genoux devant Haman pour l'adorer.
D. Pourquoy ne luy rendit-il pas cet honneur, veu que le Roy l'avoit commandé?
R. Parce que cette maniere excessive d'honnorer les hommes estoit contraire à la Loy, & à cause du Commandement que Dieu donna aux Israëlites (Exod. 14. 17.) de ne point chercher la paix des Hamalekites, qui estoient les premiers qui firent la guerre au peuple d'Israël dans le desert, (Exod. 17. 8. 1. Sam. 18.) Or Haman estoit Hamalekite.
D. L'insolence de Haman fut elle si grande, que pour la haine d'un homme il cherchât d'exterminer toute la Nation Juifve?
R. Oüy.
D. De quelle voye se servit-il pour en venir à bout?
R. Il descria les Juifs aupres du Roy comme

un peuple seditieux, qui usant d'une Religiõ particuliere broüilloit tout l'Estat. Il offrit de mettre dix mille Talens d'argent au tresors du Roy, si le Roy vouloit le permettre.

D. Le Roy luy accorda-t-il sa demande ?
R. Oüy, il luy donna son Anneau pour seeller un Commandement tel qu'il luy plairoit de le faire, & luy permit d'ordonner qu'en tout son Royaume tous les Juifs fussent tuez en un jour lequel il prescrivit, & Haman fit dresser un gibet exprés pour pendre Mardochée.

D. Quelle fut la suite de cet Arrest ?
R. Le Roy & Haman estoient assis pour boire, pendant que le peuple de Susan estoit en perplexité.

D. Apres avoir consideré le malheur qui menaçoit les Juifs, il nous faut aussi voir comment ils en furent delivrez. Combien de choses y a-t-il à remarquer ?
R. Deux : les remedes d'un si grand mal, & son issuë.

D. Qui furent ceux qui apporterent du remede à ce malheur ?
R. Mardochée & Ester, qui en eurent les premiers advis, & apres eux toute la Nation des Juifs.

D. Que fit Mardochée ?
R. 1. Il s'humilia devant Dieu par ses larmes & par le jeûne, & il rechercha par ce moyen son assistance.
2. Il declara à la Reyne Ester tout ce qui estoit advenu afin qu'elle intercedast auprés du Roy.

D. Estoit-elle bien portée à cela ?
R. Elle s'en excusa d'abord, & resmoigna de la crainte, comme si elle n'estoit pas asseurée de la faveur du Roy.

D. Qui luy osta cette crainte ?
R. Mardochée appuyé par foy sur les promesses que Dieu fait à son peuple qu'il ne sera jamais entierement delaissé, menaça la Reyne Ester, que si la crainte la tenoit dans le silence, Dieu trouveroit bien un autre moyen de delivrer son peuple, mais qu'elle & la maison de son Pere periroit, & il l'advertit que ce n'estoit peut-estre que pour cette occasion que Dieu l'avoit fait monter sur le Throne.

D. Quels moyens elle & le peuple employerent-ils pour se delivrer de ce malheur ?
R. Elle ordonna un Jeûne de trois jours & de trois nuicts, & s'offrit de jeûner de mesme avec ses Damoiselles, & qu'en suite elle iroit voir le Roy, quand mesme elle devroit en perdre la vie.

D. S'estant ainsi acquitée envers Dieu, que fit-elle auprés du Roy ?

R. Elle le pria de venir le lendemain disner chez elle avec Haman, où elle luy declara la malignité d'Haman, & ne luy demanda pour toute Grace que sa vie & la vie de tout son peuple.

D. Que s'ensuivit-il ?
R. Dieu tourna le tout en bien, à la confusion & honte de leurs Ennemis, mais à la consolation des Juifs qui furent delivrez.

D. Comment est-ce que le tout se passa ?
R. Le Roy se fit lire les Memoires de son Royaume, & on tomba sur l'endroit qui marquoit la Conspiration que firent autrefois contre luy deux de ses Officiers, & que Mardochée avoit descouverte ; surquoy il commanda à Haman de revestir, selon qu'il le luy avoit luy-mesme conseillé, Mardochée de la Pourpre royale, de mettre la couronne sur sa teste, de le monter sur le cheval du Roy, & de le conduire en cet Estat par toute la Ville ; & ce fut le commencement de la cheute d'Haman, & de l'Elevation de Mardochée.

D. Qu'arriva-il en suite ?
R. La Reyne Ester presenta sa demande devant le Roy, surquoy Haman fut pendu au gibet qu'il avoit fait dresser pour Mardochée.

D. Ester fut-elle satisfaite de ce qu'Haman avoit esté pendu, & que Mardochée fut eslevé en honneur ?
R. Non, mais elle demanda encore au Roy que son Commandement touchant la destruction des Juifs fut revoqué, & elle obtint de luy des patentes pour toutes les Provinces, qui portoient qu'il estoit permis aux Juifs de s'assembler en armes pour se deffendre & de se venger de leurs Ennemis ; & les deux fils d'Haman furent pendus.

D. Combien de leurs ennemis furent esgorgez ?
R. Il en mourut dans la ville & dans le chasteau de Susan 3000. & en toutes les Provinces 75000. hommes.

D. Apres que les Juifs eurent receu une telle Grace de Dieu, comment se comporterent-ils ?
R. Mardochée institua une feste de rejoüissance, & il ordonna qu'elle fut celebrée tous les ans, afin que la memoire d'un tel bienfait demeurast à tousjours, & qu'on se souvint de remercier Dieu d'une si grande delivrance.

D. Qu'arriva-t-il à Mardochée ?
R. Il fut commis sur la Maison d'Haman, & estant la seconde personne du Royaume, il procura le bien de son Peuple.

Fin du Livre d'Ester.

Le Livre de Iob.

D. Quel est le contenu de ce livre ?
R. Il contient l'Histoire de Job, laquelle nous donne à connoistre l'inconstance de l'Estat de l'homme, tant au regard du Corps qu'au regard de l'Ame, & nous represente combien sont variables les biens de ce Monde, les Amis, & les autres advantages temporels.

D. Quel est le principal but de ce livre ?
R. C'est que les hommes apprennent à estre patiens, & à reconnoistre les biens & les Graces que Dieu leur fait, en mettant leur confiance entierement en luy.

D. Comment est divisé ce livre ?
R. Il est divisé en deux parties : la premiere contient l'Histoire, & la seconde les entretiens & la dispute de Job avec ses Amis.

D. Combien de choses doit-on remarquer en l'Histoire ?
R. Quatre choses qui servent pour l'intelligence de toutes les Histoires : sçavoir, le Temps, le Lieu, les Personnes, & la Matiere dont il est traitté.

D. En quel temps sont arrivées ces choses ?
R. On ne le peut pas sçavoir asseurement, mais on conjecture que ce fut dans le temps que les Enfans d'Israël estoient en Egypte, & avant que la Loy fut donnée.

D. Quelle preuve en a-t-on ?
R. Deux : ses Amis, & sa Religion.

D. Pourquoy ses Amis ?
R. Parce que quelques-uns sont sortis d'Esaü, & d'autres de Ketura femme d'Abraham.

D. Comment le prouves-tu par sa Religion ?
R. Parce que si la chose estoit arrivée sous la Loy, il n'auroit offert selon la Loy en aucun autre lieu que devant l'Autel dans le Tabernacle de l'Eternel, à moins qu'il eust eu une dispense expresse dont nous ne voyons nulle apparence.

D. En quel pays du Monde est arrivé ce qui est contenu en ce livre ?
R. Au pays d'Uz : quelques uns estiment que ce pays porte le nom d'Uz fils d'Aram, qui estoit fils de Seth. (Gen. 10. 23.) d'autres de Sihon fils de Seir. (1. Cron. 38. 42.)

D. En quelle partie du Monde est Uz ?
R. En l'Asie Majeure, à l'Orient du pays de Canaan, à l'Occident du Royaume de Chaldée, au Septentrion de l'Arabie deserte, & au Midi de l'Armenie.

D. De quelles personnes est-il fait mention dans cette Histoire ?
R. Elles sont ou celestes, comme Dieu & ses Saincts Anges ; ou terrestres, comme Job, sa Femme, ses Enfans, ses Serviteurs, ses Amis & ses Ennemis ; ou infernales, comme Satan & ses Anges.

D. Quelle est la Matiere de cette Histoire, & comment est-elle divisée ?
R. Elle est divisée en deux parties ; la premiere traitte de la felicité de Job, & de sa calamité, depuis le premier chapitre jusques à la fin du second ; & la seconde partie declare, comme Job fut restabli en son premier Estat. (ch 42.)

D. En quoy consistoit sa premiere felicité ?
R. Il eut une Femme & dix Enfans obeïssans, qui s'entr'aimoient ; il eut aussi beaucoup de brebis, des boeufs, des asnes, des chameaux, un grand nombre de serviteurs & de servantes, de grandes richesses, beaucoup d'Amis, grande puissance, un corps sain, & sur tout une bonne conscience.

D. De quels maux fut-il accablé ?
R. On luy ravit tous ses biens. Le Demon le frappa d'un Ulcere espouvantable qui luy couvroit tout le corps. Sa femme le tenta pour le porter dans l'impatience. Ses Amis luy vouloient oster le bon tesmoignage de sa conscience, en soustenant qu'il falloit qu'il eust commis de grands crimes puis que Dieu le chastioit si severement, ainsi il fut affligé & en son Corps, & en son Ame.

D. Par qui fut-il reduit en un si miserable estat ?
R. Dieu ayant permis qu'il fust ainsi affligé pour esprouver sa patience & sa pieté. Satan comme Calomniateur & Ennemi du Genre humain procura par tous moyens sa cheute. Ses Ennemis, qui estoient les Arabes & les Chaldéens tuërent ses serviteurs & pillerent ses troupeaux ; Ses brebis perirent par le feu du Ciel ; Ses Enfans moururent sous les ruines d'une Maison que le Vent fit tomber ; Son Coeur & son Ame furent blessez par le mépris & la médisance de plusieurs.

D. Que doit-on considerer en l'attaque de ses Amis ?
R. Trois choses : les Personnes, l'Occasion & la Matiere.

D. Quelles furent les Personnes ?
R. Les unes qui luy contredisoient comme ses Amis Eliphas, Bilda & Tsophar, ausquels il respondit, & fit tous ses efforts pour les faire entrer dans des sentimens de raison & d'équité : & celles qui s'entremettoient, comme Elihu, & Dieu même qui s'en mêla.

D. Qu'elle

D. Quelle estoit l'occasion de cette dispute?
R. Il y en eut deux. 1. La Consideration de sa Misere. 2. Et les plaintes sensibles qui partoient du cœur angoissé de Job.
D. Quelle en estoit la Matiere?
R. Il s'agissoit de sçavoir si Job estoit affligé si grievement, à cause de ses pechez, ou non.
D. Quel jugement en rendirent ses amis?
R. Ils soustenoient qu'il falloit que Job eust commis de grands crimes, puis que Dieu le chastioit si severement ; de sorte qu'au lieu de recevoir d'eux quelque consolation, il eut besoin de se deffendre contre la fausseté de leurs raisons.
D. Comment se deffendit-il?
R. Il soûtint le contraire de ce qu'ils avançoient, en telle sorte neanmoins qu'on voit paroistre dans ses réponses ces mouvemens qui naissent du Combat qui est entre la chair & l'Esprit, entre la Foy & l'Incredulité, entre l'esperance & le desespoir, comme il appert depuis le quatriesme chapitre jusques à la fin du trente-deuxiesme.
D. Comment se comporterent les Entremetteurs pour decider cette dispute?
R. Elihu censura & refuta les deux parties, mais Dieu reprocha à Job son imprudence d'avoir voulu contester contre luy, & pour luy donner mieux à connoistre son insuffisance, & son ignorance, il luy representa que s'il estoit trop foible pour combattre avec ses Creatures, principalement avec Behemoth (ou Elephant) & avec Leviathan (ou la Baleine,) il l'estoit incomparablement plus quand il s'agit de combattre contre Dieu, qui est leur Createur.
D. Quel effet eut cette remonstrance?
R. Job confessa son infirmité & ses fautes, & fit penitence ; & Dieu vengeant son serviteur de l'injure de ses Amis, il traitta leurs sentimens de folie, & declara qu'il ne leur pardonneroit leur faute que par les prieres de celuy-là mesme qu'ils vouloient faire passer pour un criminel.
D. Qui a remis Job en son premier Estat?
R. Le Seigneur Dieu, qui est le Pere de toute bonne Donation.
D. Comment est-ce que Dieu le restablit?
R. 1. Il le remit en la bien-veillance de ses plus proches parens, qui luy firent des presens.
2. Il benit son dernier Estat au double du premier.
3. Il luy dona dix Enfans, & il vid ses fils, & les fils de ses fils jusques à la quatriesme Generation.
4. Il luy donna une longue vie, & une heureuse fin.

Fin du Livre de Job.

L'HISTOIRE DU NOUVEAU TESTAMENT.

Les quatre Evangelistes.

D. Comment appelle-t'on la seconde partie de la Bible?
R. Le Nouveau Testament.
D. Pourquoy l'appelle-t'on Nouveau Testament?
R. Parce que la derniere Volonté du Fils de Dieu y est contenuë.
D. Qui en est l'Autheur?
R. Jesus-Christ, qui l'a confirmé par sa Mort, n'ignorant pas que nul Testament n'a valeur avant la Mort du Testateur, comme on le peut voir en l'Epistre aux Hebreux, (ch. 9. vers. 16. 17.)
D. Qui sont ceux qui sont admis à l'heritage dont il est parlé dans ce Testament?
R. Tous ceux qui estant justifiez par la Grace de Jesus-Christ, & sont Enfans de Dieu. (Tit. 3.)
D. Quels sont les Legs de ce Testament?
R. Les biens & les Graces du S. Esprit ; la vraye foy justifiante, la veritable repentance, la remission des pechez, & la vie eternelle.
D. Qui est l'Executeur de ce Testament?
R. Le S. Esprit.
D. Qui en sont les Tesmoins?
R. Les Apostres, les saincts Anges, les fideles serviteurs de Dieu, les Martyrs, & tous ceux qui craignent Dieu.
D. Pourquoy l'appelle-t-on Nouveau Testament?
R. 1. Parce qu'il a esté dressé en ces derniers jours.
2. Au regard de la promesse d'un Royaume nouveau.
D. Quelle difference y a-t-il entre le nouveau & le vieux Testament?
R. 1. Le vieux nous represente Jesus-Christ sous un voile obsur & sous ses ceremonies; mais le nouveau nous donne le veritable corps vivant & accompli. 2. Dieu parle dans le Vieux Testament par Moyse, & dans le nouveau il parle par Jesus-Christ. 3. Le Vieux estoit une Alliance d'une exacte & parfaite obeissance, & le nouveau est une Alliance de Grace & de Misericorde.

L

D. Par quel autre Nom nous est exprimé le Nouveau Testament ?
R. Par celuy d'Evangile.
D. Que signifie ce mot d'Evangile ?
R. La joyeuse Nouvelle de nostre Salut en Jesus-Christ.
D. Comment est divisé ce Testament ?
R. En livres historiques, en livres de doctrine, & en livres de Prophetie.
D. Que traittent les livres historiques ?
R. Ils traittent des Actions de nostre Seigneur Jesus-Christ, & de celles des Apostres.
D. Comment sont divisées les Actions de nostre Seigneur ?
R. En trois parties. 1. En ce qui arriva avant son Ministere.
2. En ce qui se passa en son Ministere.
3. En ce qui advint en sa Passion, & en sa Mort.
D. Que racontent les Evangelistes avant que de venir à la description de son Ministere ?
R. Ils parlent de la Conception de Jean Baptiste. (Luc. 1. 24.)
De la Conception de Jesus-Christ. (Matth. 1. 18.)
De la Naissance du mesme S. Jean. (Luc. 1. 58.)
De la Circoncision. (Luc. 1. 59.)
De l'Apparition de l'Ange du Seigneur à Joseph pour l'asseurer de la chasteté de la sainte Vierge (Matth. 1. 20.)
De la Naissance de Jesus-Christ.
De sa Manifestation par les Anges aux Bergers. (Luc. 2.)
De sa Circoncision. (Luc. 2.)
De la venuë des Mages. (Matth. 2. 1.)
De la Purification de Marie, & comment Jesus-Christ fut porté en Jerusalem pour le presenter au Seigneur. (Luc. 23. 22.)
Comme il fut connu par Simeon & par Anne. (Luc. 2.)
De sa fuite en Egypte. (Matth. 2. 24.)
De son Retour à Nazareth. (Matth. 2. 23.)
De son second Voyage à Jerusalem comme il estoit âgé de douze ans. (Luc. 2. 22.)
D. Qui estoit le Pere de Jean ?
R. Zacharie le Sacrificateur. (Luc. 1.)
D. Quelle estoit la Mere ?
R. Elisabeth. (Luc. 1.)
D. Qu'advint-il à Zacharie pour n'avoir pas creu à l'annonciation de l'Ange Gabriel touchant la Naissance de son fils ?
R. Il demeura muet jusques à la Circoncision de ce fils. (Luc. 1.)
D. Qui le circoncit ?
R. Son Pere Zacharie au huictiesme jour. (Luc. 1. 19.)
D. De qui a esté conceu Jesus-Christ ?
R. Du S. Esprit. (Math. 1. Luc. 1.)
D. Par qui Joseph en fut-il adverti ?
R. Par un Ange. (Matth. 1. 20.)
D. Qui obligea l'Ange à en advertir Joseph ?
R. C'est qu'il vouloit secretement laisser Marie son Espouse. (Matth. 2.)
D. Quelle estoit la Mere de Jesus-Christ ?
R. La Vierge Marie. (Matth. 1. 16.)
D. Où nasquit-il ?
R. A Bethlehem.
D. Pourquoy est il né à Bethlehem ?
R. Afin que les Propheties fussent accomplies. (Matth. 2. 6.)
D. Pourquoy Joseph monta-t-il à Bethlehem ?
R. Pour estre enroollé suivant l'Edict de Cesar Auguste. (Luc. 2. 4.)
D. Par qui fut manifestée la Naissance de Jesus-Christ ?
R. Par les Anges, & par les Bergers. (Luc. 2. 8. 9.)
D. D'où venoient les Mages, ou les Sages ?
R. D'Orient. (Matth. 2.)
D. Pourquoy sont-ils venus de si loin ?
R. Pour voir Jesus-Christ nostre Seigneur (Matth. 2.)
D. Que fit Herode ?
R. Il dit aux Mages qu'ils cherchassent l'Enfant, afin qu'en suite ils luy en vinssent dire des Nouvelles, & qu'il allast aussi l'adorer. (Matth. 2.)
D. Retournerent-ils à Herode ?
R. Non, car Dieu les avertit en Songe, qu'ils prissent un autre chemin pour s'en retourner en leur pays.
D. Pourquoy Jesus fut-il porté dés le commencement à Jerusalem ?
R. Pour estre presenté au Seigneur. (Luc. 2. 22.)
D. De qui fut-il receu à Jerusalem ?
R. Du vieux Simeon, & de la Prophetesse Anne.
D. Pourquoy s'enfuit-il en Egypte ?
R. 1. Parce que Joseph fut adverti divinement par songe de l'y conduire.
2. Afin que la Prophetie fut accomplie, qui dit : J'ay appellé mon fils hors d'Egypte. (Matth. 2. 15.)
D. Quand revint-il d'Egypte ?
R. Apres qu'Herode fut mort. (Matth. 2. 19.)
D. Où s'en alla-t'il ?
R. Aux quartiers de Galilée en la Ville qui est appellée Nazareth. (Matth. 2.)
D. Quand monta-il pour la seconde fois à Jerusalem ?
R. A l'âge de douze ans. (Luc. 2. 42.)
D. Pourquoy ?

Sainte Ecriture. 43

R. Pour y disputer avec les Docteurs. (Luc. 2. 46.)
D. Que dit le Saint Esprit de Jean Baptiste?
R. Il parle de sa Vie, de sa Doctrine, de son Ministere, de sa Persecution, & de sa Mort.
D. Où prescha-t'il?
R. Au desert de Judée.
D. De quoy se nourrissoit-il?
R. De sauterelles & de miel sauvage. (Matth. 3. 4.)
D. Quel estoit son vestement?
R. Un habit de poil de chameau, & une ceinture de cuire à l'entour de ses reins. (Matth. 3.)
D. Quelle fut sa Doctrine & son Ministere?
R. Il prescha la penitence, & baptisa tous ceux qui venoient à luy.
D. Quelle fut sa Persecution & sa Mort?
R. Herode le Tetrarque le mit en prison, & le fit decapiter. (Matth. 4.)
D. Pourquoy?
R. Parce qu'il luy avoit dit, qu'il ne luy estoit pas permis d'avoir pour femme la femme de son frere.
D. Comment se prepara nostre Sauveur à son Ministere?
R. Il se fit baptiser par Jean Baptiste à l'âge de trente ans. (Matth. 3.) il jeûna. (Matth. 4.) Il ordonna ses douze Apostres. (Matth. 10.) Et il repurgea ou nettoya le Temple. (Matth. 21.)
D. Qu'arriva-t-il à son Baptesme?
R. Le Ciel s'ouvrit, & Dieu fit descendre le Saint Esprit sur luy en la forme d'une Colombe, & en mesme temps on entendit une voix du Ciel qui luy rendit ce tesmoignage: Cettui-ci est mon Fils bien-aimé, en qui j'ay pris mon bon plaisir. (Matth. 3.)
D. Combien de temps jeûna-t'il?
R. Quarante jours & quarante nuicts, & en suite il fut exposé à diverses tentations. (Matth. 4.)
D. Comment fut-il tenté du Diable?
R. 1. Le Diable luy dit, que s'il estoit fils de Dieu, qu'il fist changer des pierres en pain.
2. Qu'il se precipitast du haut du Temple en bas.
3. Qu'il se prosternast devant luy, & qu'il l'adorast.
D. Comment luy respondit le Seigneur?
R. Par des Passages de la Sainte Escriture, luy disant:
1. Sur la premiere tentation; que l'homme ne vivoit pas du seul pain, mais de toute parole qui sort de la bouche de Dieu.
2. Et à la seconde: Tu ne tenteras point le Seigneur ton Dieu.
3. Et à la troisiéme tentation il luy dit: Retire toy Satan, car il est escrit, tu adoreras le Seigneur ton Dieu, & à luy seul tu serviras. (Matth. 4.)
D. Apres que le Diable l'eut quitté, qui s'approcha de luy?
R. Les Anges s'approcherent de luy, & le servirent. (Matth. 4.)
D. Combien d'Apostres eut le Seigneur?
R. Douze. (Luc. 16. 14. Marc. 10.)
D. Combien de fois repurgea-il le Temple?
R. Deux fois: Au commencement de son Ministere, & sur sa fin. (Jean. 2. Matth. 21. Marc. 11. Luc. 19.)
D. Quelle estoit sa Doctrine?
R. La vraye Penitence.
D. Qu'enseigna-t-il à Nazareth?
R. Il expliqua le Livre du Prophete Esaïe, & s'appliquant la prophetie à soy-mesme, ceux de la Synagogue le voulurent jetter du haut de la Montagne en bas. (Luc. 4.)
D. Que luy arriva-il à Capernaum?
R. Comme il preschoit en la Synagogue, un Esprit immonde luy cria, disant, ha qu'y-a-il entre nous & toy, & il delivra le Demoniaque. (Luc. 4. 33.)
D. Que prescha-t'il sur la Montagne?
R. Il parla de la vraye felicité, il traita du Ministere, il expliqua les Commandemens de Dieu, il discourut des bonnes Oeuvres, de l'Exercice d'un homme Chrestien, & du chemin de nostre salut.
D. Comment est-ce que Jesus-Christ décrit le Ministere?
R. Par la similitude du Sel, de la Lumiere, & d'une Ville.
D. Qu'a-t-il enseigné touchant les bonnes œuvres?
R. La maniere de faire des Aumosnes, de prier Dieu, & de jeusner.
D. Comment expliquoit-t-il d'ordinaire sa doctrine?
R. Il le faisoit souvent par des similitudes.
D. Qu'entens-tu par le mot de similitude?
R. Une façon de parler qui represente les choses, non sous leur idée naturelle, mais par des comparaisons prises de plusieurs sujets connus & familiers.
D. Combien de chose doit-on considerer dans chaque similitude?
R. Trois, autant qu'à un arbre. 1. Le fondement ou la racine. 2. L'Escorce ou le bois. 3. Le milieu, le Cœur ou la moüelle.
D. Qu'entens-tu par la racine?
R. L'Occasion qui a incité Jesus-Christ de parler par similitudes.
D. Qu'entens-tu par l'Escorce?
R. L'Histoire ou la chose qui est contenuë dans la similitude.

D. Et par le cœur ou la mouëlle?
R. La substance & la matiere que le Sauveur a voulu enseigner, à quoy aussi on doit plus prendre garde qu'aux circonstances & à l'exterieur.
D. Pourquoy a-t-il enseigné par similitudes?
R. 1. Pour trois raisons : Afin qu'il ne fust pas entendu de tous. 2. Pour rendre ses Auditeurs plus attentifs & pour les obliger à s'enquerir des choses proposées. 3. Afin de les faire mieux comprendre & garder.
D. De combien de sortes de similitudes s'est-il servi?
R. De deux sortes : l'une tirée des choses vivantes, & l'autre de celles qui n'ont point de vie.
D. Recite les similitudes tirées des choses vivantes?
R. 1. La similitude du nouveau Marié. (Matth. 9.15.)
2. De l'Architecte. (Matth. 7. 24. Luc. 14. 28.)
3. Des petits enfans. (Matth. 11.16. Luc. 15. 12.)
4. De l'Amy qui cherche à emprunter à minuict trois pains. (Luc. 11. 5.) De l'homme riche qui assemble beaucoup de fruits. (Luc. 12.) Du Juge inique, du Pharisien, & du Peager. (Luc. 18.)
5. Des serviteurs. (Matth. 6. 24.) Nul ne peut servir à deux Maistres. Du Roy qui voulut faire compte avec ses serviteurs. (Matth. 18. 24.) Du mauvais serviteur. Matth. 24 48.) Du Maistre d'Hostel injuste. (Luc. 16.)
6. Des brebis qui n'ont point de Pasteur. (Matth. 9. 36.) Des Ministres & Pasteurs. (Luc. 14. 7.) Jesus-Christ se dit bon Berger. (Jean. 10. 11.) Il separe les brebis d'avec les boucs. (Matth. 25. 32.)
7. Des Larrons. (Jean. 10.) qui sont les mauvais Pasteurs. De la venuë de Jesus-Christ, comme du Larron dans la Nuict. (Matth. 24.)
8. Des Esprits immondes. (Matth. 21.24.)
9. Des Femmes, comme des dix Vierges. (Matth. 25.) De la Veuve & du Juge inique. (Luc. 18. 2.) De la femme qui a perdu une piece de monnoye. (Luc 15.8.) Des deux qui moudront au Moulin dont l'une sera recueillie & l'autre laissée. (Matth. 24.)
10. Des Bestes, comme des Oiseaux de l'air. (Matth. 6. 26.) Des Brebis & des Loups. (Matth. 10. 16.) Estre prudens comme serpens, & simple comme colombes. Des deux passereaux qui se vendent une pite. (Matth. 10. 29.) Comme la poulle assemble ses poussins sous ses aisles. (Matth. 23. 37.) Où est le Corps là s'assemblent les Aigles. (Matth 24. 28.)
D. Raconte aussi les similitudes tirées des choses inanimées?
R. 1. La similitude du pain de vie. (Jean. 6, 48.)
2. Des Festins; comme du festin de Nopces. (Matth. 22. 2.) De se mettre au premier lieu. (Luc. 14. 8.)
3. Du grain de semence de Moustarde, & du levain. (Luc. 13. 19.)
4. De la Lumiere. (Matth. 5. 14. 16. ch. 6. 23. Jean. 8. 2.) Jesus parlant de soy-mesme, du S. Esprit, &c.
5. Du filé jetté dans la Mer. (Matth. 13. 47.)
6. Du vieil habit & du vin nouveau (Matth. 9. 16.)
7. Du sel. (Matth. 5. 13.) Touchant les Ministres de la parole. (Matth. 9. 49.)
8. De la semence qui tombe sur quatre sortes de terre. De l'yvroye & de la semence de Moustarde. (Matth. 13.)
9. Des Arbres. La coignée est desia mise à la racine des Arbres. (Matth. 3. 10.) Des mauvais fruicts & des bons fruicts. (Matth. 7. 18.) Cueille-t-on des grappes des Espines, ou des figues des chardons. Du Figuier. (Matth. 24. 32. Luc. 13. 6.)
10. Du Thresor caché (Matth. 13.) De la Perle. (Matth. 76.) Du Talent. (Matth. 25.15.)
11. De la Vigne, & de ses Ouvriers.) Matth. 20.) Du fils qui travaille en la Vigne. (Matth. 21. 18.) Jesus-Christ est le vray sept. (Jean. 15. 1.)
D. Comment est-ce que nostre Sauveur confirma sa Doctrine?
R. Par des Miracles.
D. Qu'entens-tu par un Miracle?
R. Une Oeuvre surnaturelle, qui se fait contre le cours, la force & l'efficace ordinaire de la Nature.
D. Quelles furent donc les Oeuvres que les faux Prophetes & les Meschans ont faites?
R. Ce n'estoient que des tromperies & des illusions du Diable pour abuser & tromper le peuple de Dieu.
D. Quelle difference y a t-il entre les Miracles du Vieux & du Nouveau Testament?
R. Les Miracles du Vieux Testament se faisoient communement pour reprendre, punir & destruire; mais les Miracles du Nouveau Testament pour amender & guerir le peuple.
D. Pourquoy est-ce que Jesus-Christ a fait des Miracles

R. 1. Pour

Sainte Ecriture.

R. 1. Pour glorifier Dieu. (Matth. 9. 8. Pf. 72. 87.)
2. Pour donner à connoiftre qu'il eftoit le vray Meffie & le Sauveur du Monde. (Matth. 11. 3.)
3. Pour nous confirmer en la foy du Salut. (Jean. 20. 3.)
D. Quels miracles a-t-il fait?
R. 1. Il changea l'eau en vin. (Jean. 2.)
2. Il repeut de cinq pains cinq mille hommes. (Matth. 14.) & ailleurs quatre mille hommes de fept pains. (Matth. 13.)
3. Il rendit la veuë à un aveugle à Bethfaïda, comme il fortit de Jerufalem. (Marc. 8.) Et la rendit auffi à deux comme il s'en alloit à Jericho. (Matth 9. 27.) Il guerit un homme aveugle dés fa Naiffance. (Jean. 9. 1.)
4. Il rendit l'oüye au Sourds & la parole aux Muëts. (Marc. 7.)
5. Il guerit un homme qui avoit la main feche. (Matth. 12. 10.)
6. Il guerit un homme qui eftoit detenu de maladie depuis trente-huit ans. (Jean. 5.)
7. Il nettoya un lepreux par fon attouchement. (Matth. 8.)
8. Il guerit de la fievre la belle-mere de Simeon. (Marc. 1. 51.)
9. Il guerit un Paralytique. (Matth. 9. 1.) (Marc. 2. 11.)
10. Il guerit la femme affligée d'une perte de fang depuis douze ans. (Matth. 9. 20.) & un Hydropique. (Luc. 14. 2.)
11. Il appaifa la Tempefte. (Matth. 8. 16.) Il marcha fur la Mer. (Matth. 14. 25.)
12. Il refufcita la fille de Jaïrus. (Matth. 9. 25.) Le fils unique d'une femme veuve à Naïm. (Luc. 7. 14.) Lazare de Bethanie. (Jean 11. 12.)
13. Il delivra un Demoniaque à Capernaum. (Luc. 4. 35.) Un autre en la contrée des Gadareniens. (ch. 8. 28.)
D. Comment furent receus fes Miracles & fa Doctrine?
R. Il y en eut qui contredirent tant à fa Doctrine qu'à fes Miracles.
D. Que doit-on remarquer en leur contradiction?
R. 1. Les perfonnes qui luy ont contredit ou par ignorance, ou par malice, ou par haine & envie.
2. Le fujet qu'on a contrequaré.
3. Les Refponfes de noftre Sauveur, & la refutation de leurs oppofitions.
D. Avec qui eut-il à difputer?
R. Avec le Diable, avec Pierre, avec Jean, avec tous les Apoftres.
Avec les Difciples de Jean. (Matth. 9. 14.)

Avec Nicodeme, avec fes propres Parens & compatriotes. (Jean. 3.)
Avec la Samaritaine. (Jean. 4.)
Avec les Juifs pour avoir gueri un malade au jour du Sabbath. (Jean. 5.) Et pour avoir dit qu'il eft le bon Pafteur. (Jean 10.)
Avec ceux de Capernaum. (Jean. 6.)
Avec les Herodiens touchant le Tribut. (Matth. 22. 16.)
Avec les Sadduceens au fujet de la Refurrection. (Matth. 22. 23.)
Avec les Docteurs de la Loy, touchant le grand Commandement. (Matth. 22. 35.)
Avec le Maiftre de la Synagogue parceque Jefus avoit gueri au jour du Sabbath? (Luc. 13. 14.)
Avec les Scribes & les Pharifiens fur plufieurs fujets : fçavoir,
1. Touchant l'authorité qu'il s'eftoit attribuée de remettre les pechez. (Matth. 9. 3.)
2. Sur ce qu'il mangeoit avec les peagers, & les gens de Mauvaife vie. (Matth. 9. 10.)
3. De ce que fes Difciples avoient arraché des Epics au jour du Sabbath. (Matth. 12.)
4. Touchant divorce. (Matth. 19.) Et de qui il eftoit Fils. (Matth. 22. 21.)
5. Pour avoir guerit un homme qui eftoit tourmenté du Diable. (Matth. 12. 22.)
6. Pour avoir gueri un homme qui avoit la main feche. (Matth. 12. 10.)
7. De ce que ces Difciples ne lavoient point leurs mains en prenant leur repas (Matth. 15. 2.)
8. Au fujet de la femme furprife en Adultere. (Jean. 8. 3.)
D. Quelles difputes eut-il avec les Sacrificateurs?
R. Les Principaux tafchoient à le faire mourir pour avoir jetté hors du Temple les Vendeurs. (Luc. 19. 45.) pour avoir reffufcité Lazare. (Jean 11. 49.) & ils envoyerent des Sergens pour l'empoigner. (Jean. 7. 32.) Toutes ces chofes font la caufe de fa paffion & de fa mort.
D. Que fit noftre Sauveur quand il arriva à Jerufalem?
R. Il nettoya le Temple, dont il fut repris par les Sacrificateurs. (Luc. 20. 2.) Il leur predit leur deftruction par la fimilitude du Pere qui envoye fon fils en la Vigne. (Matth. 21. 18.) & des Vignerons qui tuërent le fils, Et par la fimilitude des Nopces. (Matth. 23.)
D. Qu'arriva-il en fuite?
R. Les Herodiens, les Saduceens & les Phafiens commencerent à le quereller & à difputer contre luy.

M

D. Comment furent-ils redarguez ?
R. Nostre Sauveur leur predit expressement leur ruine, la destruction de la Ville de Jerusalem, son second advenement, & ce qui devoit arriver en l'attente du dernier Jugement.

D. Que disent les quatre Evangelistes de la Passion de Jesus-Christ ?
R. Ils nous representent comme les principaux Sacrificateurs, les Scribes & les Anciens du peuple tinrent Conseil contre luy. Comme il se trouva en un repas à Bethanie, & comme il y fut oinct par une femme, L'Institution de la Sainte Cene, son sejour sur la Montagne des Oliviers, la Trahison de Judas, sa Presentation devant Caïphe le Souverain Sacrificateur, & en suite devant Pilate, le Reniement de Saint Pierre, le mauvais traittement qu'il receut des Soldats, le lieu de son Supplice, son Supplice mesme, les Circonstances de sa Mort, de sa Sepulture, & de sa Resurrection.

D. En quel lieu tint-on Conseil contre luy ?
R. En la Cour du souverain Sacrificateur nommé Caïphe. (Matth. 26.)

D. Qu'y delibera-on ?
R. On y resolut de mettre à mort le Seigneur Jesus.

D. En quelle Maison de Bethanie prit-il son repas ?
R. En la Maison de Simeon le lepreux. (Matth. 26. 6.)

D. De quoy fait mention l'Evangeliste en cet endroit ?
R. De l'Onction de Jesus-Christ par Marie, & de la Trahison de Judas.

D. Par qui fut instituée la Cene du Seigneur ?
R. Par Jesus-Christ. (Matth. 26.)

D. Quand & Comment.
R. Apres la Celebration de la Pasque, il prit le pain, le rompit & le donna à ses Disciples, & il prit aussi le Calice & la leur donna.

D. Où s'en alla-il apres cela ?
R. En la Montagne des Oliviers. (Matth. 26. 30.)

D. Qui prit-il avec luy ?
R. Pierre, & les deux fils de Zebedée.

D. Que leur commanda-il ?
R. De veiller.

D. Et que fit nostre Sauveur ?
R. Il se jetta en terre sur sa face & pria. (Matth. 26. 39.)

D. En quel estat trouva-il ses Apostres ?
R. Il les trouva dormans.

D. De qui fut-il trahi ?
R. De Judas.

D. Qu'advint-il lors que Jesus fut pris ?
R. Pierre tira l'espée & coupa l'oreille de Malchus serviteur du grand Sacrificateur. (Matth. 26.)

D. Où mena-on Jesus-Christ nostre Sauveur ?
R. Devant les Sacrificateurs.

D. Que firent de luy les Sacrificateurs ?
R. Ils chercherent de faux tesmoins qui déposassent contre luy, mais il n'y avoit rien de solide dans toutes ces depositions.

D. Dequoy fut-il accusé en suite ?
R. D'avoir blasphemé.

D. Comment fut-il traitté par les soldats ?
R. Ils luy cracherent au Visage, le frapperent, & l'outragerent. (Matth. 26.)

D. Qu'est-il dit de Pierre ?
R. Qu'il renia le Seigneur, & qu'il en tesmoigna son grand regret par une abondance de larmes. (Matth. 26. 69.)

D. Que devint Judas ?
R. Il s'estrangla apres avoir trahi Jesus-Christ.

D. Qu'est-ce que les Sacrificateurs firent en suite de nostre Seigneur ?
R. Ils le presenterent tout lié devant le Gouverneur Ponce Pilate.

D. Que fit de luy Ponce Pilate ?
R. Apres l'avoir condamné à estre foüetté, il chercha à le relascher, mais les cris des Sacrificateurs & de tout le peuple s'eslevant de tous costez, il le livra aux soldats pour estre crucifié. (Matth. 27.)

D. Comment fut-il traitté par les Soldats ?
R. Ils luy osterent ses habits, & luy ayant mis une Couronne d'Espines sur la teste, un roseau à la main, & l'ayant vestu d'un habit de pourpre, ils le menerent en cet estat parmi les insultes de tout le peuple au mont Calvaire, qui estoit le lieu destiné aux supplices des scelerats.

D. Qui portoit la Croix ?
R. Jesus-Christ luy-mesme, & ils engagerent un homme nommé Simeon à la porter derriere le Sauveur, mais des femmes pieuses le voyant passer le pleurerent.

D. Où estoit le lieu du supplice ?
R. En la place dite Golgotha, qui signifie la place du Test, ou le Calvaire.

D. Que donnerent-ils à boire à Jesus-Christ ?
R. Du Vinaigre meslé avec du fiel.

D. Que firent les soldats de ses habits ?
R. Ils les partagerent par le sort.

D. Que mirent-ils au dessus de la Croix ?
R. Ce Dicton : celuy-ci est Jesus le Roy des Juifs.

D. Qui fut crucifié avec luy ?
R. Deux Brigands.

D. Comment se comportoient ceux qui passoient près de là, & aussi les Sacrificateurs ?

Sainte Ecriture.

R. Ils le blasphemerent & l'outragerent par plusieurs mocqueries. (Matth. 27.)
D. Que fit Jesus-Christ estant Crucifié?
R. Il cria à haute Voix, Eloï, Eloï, lamma sabachtani, qui vaut autant à dire, que, mon Dieu, mon Dieu, pourquoy m'as tu abandonné!
D. Qu'arriva-il apres sa mort?
R. Le Voile du Temple se deschira en deux, la Terre trembla, les pierres se fendirent, les sepulchres s'ouvrirent, & plusieurs corps des Saints, qui avoient esté endormis, se leverent. (Matth. 27. 51.)
D. Qui ensevelit Jesus-Christ?
R. Joseph d'Arimathée.
D. Où le mit-il?
R. Dans son sepulchre nouvellement fait.
D. Qui fut present?
R. Marie Magdeleine & l'autre Marie. (Matth. 27.)
D. Quand est-il ressuscité?
R. Au troisiéme jour.
D. A qui apparut-il?
R. Aux femmes, & en suite aussi à ses Disciples & à ses Apostres. (Matth. 28. 8.)
D. Que leur commanda-il?
R. D'aller endoctriner toutes Nations, les Baptisant au Nom du Pere, & du Fils, & du Saint Esprit. (Matth. 28. 19.)

Fin des quatre Evangelistes.

Les Actes des Apostres.

D. Comment est divisé le livre des Actes des Apostres?
R. Il y a à remarquer les Actes de tous les Apostres en general, & ceux de Saint Paul & de Barnabas en particulier.
D. Qu'est-il dit de tous les Apostres en general?
R. Ce qu'ils firent de plus memorable du temps que l'Eglise estoit encore renfermée dans les limites de Jerusalem, & ce qu'ils firent apres qu'elle fut répanduë par tout le monde.
D. Que remarque-t'on dans l'Eglise pendant qu'elle estoit encore recueillie d'entre les Juifs, & qu'elle estoit enclose dans les limites de Jerusalem?
R. 1. Les apparitions de nostre Sauveur à ses Apostres.
2. Leur deliberation.
3. l'Envoy du Saint Esprit.
4. La Guerison du Boiteux.
5. L'Histoire d'Ananias & de Saphira.
6. l'Election des Diacres.
7. L'Histoire de Saint Estienne.
D. Combien de temps demeura Jesus-Christ avec ses Disciples apres sa Resurrection?
R. Quarante jours, mais seulement par intervalle. (ch. 1.)
D. Que fit-il durant ce temps-là?
R. Il leur parla des choses qui appartiennent au Royaume de Dieu.
D. Qu'advint-il à son Ascension?
R. Pendant que les Disciples estoient attentifs à le voir monter au Ciel, deux Anges parurent aupres d'eux, qui leur demanderent pourquoy ils tenoient les yeux ainsi arrestez vers le Ciel, & qui les asseurerent que ce mesme Jesus qui montoit au Ciel, en reviendroit un jour pour juger toute la terre.
D. Où s'en allerent apres cela les Apostres?
R. A Jerusalem.
D. Que firent-ils à Jerusalem?
R. Ils demeurerent dans une maison, où ils passoient les jours en des prieres continuelles; & ils y tinrent un Conseil.
D. Que fut-il deliberé en ce Conseil?
R. Pierre leur dit que pour remplir la place de Judas, il falloit eslire quelqu'un d'entre ceux qui avoient toûjours esté avec Jesus-Christ, depuis le Baptesme de Saint Jean jusques à son Ascension.
D. La chose fut-elle effectuée?
R. Oüy, on en choisit deux d'entre tous les autres, sçavoir Joseph appellé Barsabas, & Matthias, & on pria Dieu de presider sur le sort, & de montrer lequel de ce deux il avoit esleu.
D. Sur qui tomba le sort?
R. Sur Matthias.
D. Quand est-ce que le S. Esprit fut envoyé sur les Apostres?
R. A la feste de Pentecoste. (chap. 2.)
D. En quelle façon?
R. Il leur apparut en des langues comme de feu.
D. Quel en fut l'effet?
R. Ils furent tous remplis du S. Esprit, & ils parloient divers langages selon que le Saint Esprit les faisoit parler.
D. Et les Juifs qu'en dirent-ils?
R. Ils en furent estrangement surpris, & quelques-uns dirent qu'ils estoient yvres.
D. Laissa-t-on passer cette calomnie?
R. Non, Pierre esleva sa voix pour la refuter.
D. Que leur dit-il?
R. Il leur montra que ce qu'ils voyoient estoit l'ouvrage de Jesus-Christ qu'ils avoient crucifié.
D. Combien de personnes furent converties par cette Predication?
R. Environ trois mille Ames. (ch. 2. 41.)

D. Qui est-ce qui guerit le Boiteux?
R. Pierre & Jean. (ch. 3.)
D. En quel lieu?
R. A la porte du Temple nommée la Belle.
D. Combien de temps avoit-il esté boiteux?
R. Dés le ventre de sa Mere.
D. Comment se comporta le peuple sur cela?
R. Ils coururent à eux tout remplis d'estonnement de voir tout ce qui estoit arrivé.
D. Que firent les Sacrificateurs?
R. Ils se saisirent des Apostres, & les mirent en prison. (ch. 4.)
D. Quelle question leur fit-on en prison?
R. Ils leur demanderent au Nom de qui ils avoient fait ce miracle.
D. Que leur respondirent les Apostres?
R. Pierre leur respondit hardiment que c'estoit au Nom de Jesus qu'ils avoient crucifié.
D. Que leur arriva-t-il en suite?
R. Les Sacrificateurs les renvoyerent avec menaces & deffences de ne plus parler en ce Nom.
D. Que leur dirent là dessus les Apostres?
R. Ils leur demanderent, s'il estoit juste qu'ils leur obeïssent plûtost qu'à Dieu mesme? Et en suite les Apostres prierent & loüerent le Seigneur.
D. Qu'est-il dit d'Ananias & de Saphira?
R. Qu'Ananias ayant vendu une terre fit semblant par une feinte pieté d'en donner l'argent aux pauvres, & toutesfois il n'en apporta qu'une partie aux pieds des Apostres. (ch. 5.)
D. Que leur advint-il là dessus?
R. Ils moururent d'une mort subite.
D. Qu'arriva-t-il en suite?
R. Les Sacrificateurs se saisirent derechef des Apostres, & les firent mettre en prison.
D. Comment en furent-ils delivrez?
R. La nuict un Ange les en vint delivrer, & leur commanda d'aller annoncer librement au peuple la parole du Salut.
D. Que firent sur cela les Sacrificateurs?
R. Ils consulterent ensemble pour les faire mourir.
D. Par qui fut destourné ce Conseil?
R. Par Gamaliel, qui dit, qu'il estoit bon de prendre garde à ce qu'on feroit.
D. Que se fit-il apres ces choses?
R. Il survint un murmure des Grecs contre les Hebreux, parce que leurs Veuves estoient méprisées dans le service ordinaire. (ch. 6.)
D. Que firent là dessus les Apostres?
R. Ils esleurent des Diacres.
D. Qui fut esleu à cette charge?
R. Des hommes qui avoient bon tesmoignage, pleins du S. Esprit & de Sapience. (ch. 6. 3.)
D. Qui estoient-ils?
R. Estienne, Philippe, Procore, Nicanor, Timon, Parmenas, & Nicolas.
D. Qu'est-il dit de S. Estienne?
R. Qu'il estoit un homme plein de foy & du S. Esprit, & qu'il faisoit voir par l'Escriture que Jesus-Christ estoit le Messie.
D. Que firent les Juifs estans trop foibles contre les raisons qu'il alleguoit?
R. Ils eurent recours aux faux tesmoins, & gagnerent des personnes qui publierent qu'Estienne ne cessoit de blasphemer contre le Temple, & contre la Loy.
D. Comment se deffendit S. Estienne?
R. Avec des paroles de feu & de zele, il reprocha aux Juifs leur endurcissement, & leur representa la Doctrine de Christ nostre Seigneur. (ch. 7.)
D. Qu'arriva-t-il en suite?
R. Ils le lapiderent, & il mourut en invoquant le Seigneur Jesus, luy recommandant son Ame, & le priant à haute voix de pardonner ce crime à ses Persecuteurs.
D. Pourquoy l'Eglise fut-elle alors dispersée?
R. A cause de cette horrible Persecution faite à S. Estienne.
D. En quel pays l'Eglise fut-elle establie par cette dispersion?
R. A Samarie, en Ethiopie, à Damas, à Lydde, à Saron, à Joppe, à Cesarée, & à Antioche.
D. Qu'estoit Samarie?
R. La Ville Capitale d'Israël.
D. De qui a-t-elle le Nom?
R. D'Omri.
D. Qui prescha le premier la foy à Samarie?
R. Ce fut Philippe qui estoit l'un des sept Diacres, & il fut secondé en suite par Pierre & Jean.
D. Qu'advint-il de memorable à Samarie?
R. L'Histoire de Simon le Magicien.
D. Qu'est-il dit de luy?
R. Qu'il vint offrir de l'argent aux Apostres, pour avoir cette puissance que tous ceux sur qui il imposeroient ses mains receussent le S. Esprit.
D. Que luy respondit Pierre?
R. Que ton argent perisse avec toy.
D. Quel pays est l'Ethiopie?
R. C'est un pays que les Hebrieux nomment Chus, qui fut fils de Cham.
D. Qui prescha le premier l'Evangile en Ethiopie?
R. L'Eunuque de Candace Reyne d'Ethiopie.
D. Par qui fut-il instruit & converti?
R. Par Philippe.
D. Quelle

Sainte Ecriture.

D. Quelle Ville eſtoit Damas?
R. Une Ville en Syrie, & ſelon l'opinion de quelques-uns baſtie dans le lieu où Cain tua Abel ſon frere, & appellée Dameſeck, qui veut dire Maſſacre.
D. Qui preſcha l'Evangile à Damas?
R. Les Diſciples perſecutez & diſperſez.
D. De qui furent-ils perſecutez à Damas?
R. De Saul, qui obtint des lettres des principaux Sacrificateurs pour aller à Damas prendre tout ce qu'il trouveroit de Chreſtiens, & les amener liez à Jeruſalem.
D. Que luy arriva-il en ſon voyage?
R. Eſtant proche de Damas il fut tout d'un coup environné d'une lumiere eſclatante qui le renverſa par terre, & il entendit en meſme temps une voix qui luy dit: Saul, Saul, pourquoy me perſecutes-tu? Et il reſpondit qui es-tu Seigneur? Et le Seigneur dit: Je ſuis Jeſus que tu perſecutes, il t'eſt dur de regimber contre les aiguillons.
D. Que luy advint-il ſur cela?
R. Il devint aveugle.
D. Comment recouvra-il la veuë?
R. Saul vid en viſion le Diſciple Ananias, qui en ſuite luy fuſt envoyé par le Seigneur, & luy impoſa les mains, & il recouvra la veuë.
D. Que fit-il en ſuite?
R. Il enſeigna & preſcha que Jeſus-Chriſt eſtoit veritablement le Fils de Dieu.
D. Que luy advint-il là deſſus?
R. Il y eut diverſes entrepriſes ſur ſa vie, mais les Diſciples en eſtant advertis le deſcendirent de nuit dans une corbeille du haut des Murs de la Ville.
D. Qu'eſt-ce que Lydde?
R. Une Ville nommée en Hebreu Lod, de la Tribu de Benjamin. (1. Cron. 8. 12.)
D. Qui preſcha l'Evangile à Lydde?
R. L'Apoſtre S. Pierre. (ch. 9. 32.)
D. Qu'eſt-ce qu'il y fit de remarquable?
R. Il guerit un celebre paralytique nommé Enée, qui avoit tenu le lit huit ans, & il reſſuſcita à la priere des diſciples à Joppe un diſciple nommé Thabita.
D. Quels lieux eſtoient Lydde, Saron, & Joppe?
R. C'eſtoient des Villes maritimes, où abordoient les Navires.
D. Quel lieu fut Ceſarée?
R. Il y eut deux Villes de ce Nom, l'une eſtoit dans la Paleſtine, & l'autre en Phœnice.
D. Qu'advint-il à Ceſarée?
R. Corneille Centenier Payen, homme deſia adonné à la crainte de Dieu, fut baptiſé. (ch. 10.)
D. Qu'eſt-ce qui obligea Pierre d'aller à Ceſarée?

R. C'eſt que Corneille ayant veu dans une viſion de jour, un Ange qui luy ordonna d'envoyer à Joppe chercher un homme nommé Pierre, il y vint à ſa priere.
D. Mais comment? Saint Pierre oſoit-il ſe trouver avec les Gentils?
R. C'eſt qu'il luy fuſt monſtré en une viſion. (ch. 10.) que ce que Dieu avoit purifié luy-meſme n'eſtoit point impur, & que meſme les Payens eſtoient appellez.
D. Qu'eſt-ce qu'Antioche?
R. C'eſt une ville ſituée ſur le fleuve d'Oronte, elle s'appelle à preſent Alep, il y a eu ſeize Villes baſties du nom d'Antioche par Seleucus qui eſtoit fils d'Antiochus.
D. Par qui fut répandu l'Evangile en ces Quartiers?
R. Par les Apoſtres diſperſez.
D. Que remarque-t-on d'Antioche?
R. Que ce fut en cette Ville que les fideles commencerent de prendre le nom de Chreſtiens; & que ce fut là qu'un Prophete nommé Agabus propheſia qu'il alloit arriver une grande famine dans tout le monde, laquelle advint ſous l'Empereur Claude. (ch. 11. 28.)
D. Qui perſecuta l'Egliſe en ce temps-là?
R. Le Roy Herode, qui fit couper la teſte à l'Apoſtre Saint Jaques, & fit mettre en priſon l'Apoſtre Saint Pierre.
D. Comment fut-il delivré de la main d'Herode?
R. Par un Ange.
D. Comment fut puni Herode?
R. L'Ange du Seigneur le frappa, parce qu'il n'avoit point donné gloire à Dieu, & eſtant rongé de vermine, il rendit l'eſprit. (ch. 2.)
D. Raconte le premier voyage de Saint Paul?
R. D'Antioche il s'en alla en Seleucie, de là en Chypre, en Perſe, à Antioche de Piſidie, à Iconie, à Lyſtre, & à Derbe.
D. Qui fit le voyage avec Saint Paul?
R. Barnabas. (ch. 13.)
D. Quel lieu eſtoit Seleucie?
R. Une Ville en Syrie, qui aujourd'huy eſt appellée Solda.
D. Où s'en allerent-ils de là?
R. Ils navigerent en Chyphre.
D. Où aborderent-ils?
R. A Salamis.
D. Que firent-ils là?
R. Ils annoncerent la parole de Dieu, & ils avoient Jean pour aide.
D. Quel chemin prirent-ils de là?
R. Ils s'en allerent à Phaphos la Metropolitaine de l'Iſle de Chypre.

Actes des Apostres.   L'Histoire de la

D. Que firent-ils à Paphos ?
R. Ils firent voir leur zele contre un Enchanteur & faux prophete nommé Barjesu, qui empeschoit le Proconsul Serge Paul de croire en Jesus-Christ, lequel fut converti, & le seducteur frappé d'aveuglement.
D. Où s'en allerent-ils de là ?
R. A Perge Ville de Pamphylie.
D. Qu'advint-il là ?
R. Jean les quitta & s'en retourna à Jerusalem.
D. Quel chemin prirent-ils partant de Perge ?
R. Ils vinrent à Antioche Ville de Pisidie.
D. Que leur arriva-t-il en cette Ville ?
R. Ils convertirent beaucoup de Gentils, dont les Juifs estant depitez, jetterent hors de leurs quartiers Paul & Barnabas ; mais ils secouërent contre ce peuple la poussiere de leurs pieds, & s'en vinrent à Iconie. (ch. 13.)
D. Que firent-ils à Iconie ?
R. Ils firent par leurs travaux qu'une grande multitude de Juifs & de Grecs se convertit. (chap. 14.)
D. Que s'ensuivit-il ?
R. Ils s'enfuirent aux Villes de Lycaonie, à sçavoir à Lystre & Derbe.
D. Que fit Saint Paul à Lystre ?
R. Il y guerit un boiteux.
D. Qu'est-ce que le peuple en dit ?
R. Il fut touché de ce Miracle, & voulut sacrifier à Paul & à Barnabas, lesquels ils regardoient comme des Dieux descendus du Ciel, qui avoient pris une forme d'homme.
D. Comment se comporta Saint Paul en cette rencontre ;
R. Il representa à ce peuple qu'ils n'estoient que des hommes semblables à eux, il les enseigna & leur prescha l'Evangile, mais le peuple excité par les Juifs le traisna hors de la ville, le lapida, & le laissa pour mort ; Neanmoins il se releva, & estant entré dans la Ville il s'en alla avec Barnabas à Derbe.
D. Que fit-il à Derbe ?
R. Il visita l'Eglise qu'il avoit plantée & endoctrinée, & fortifia ses freres.
D. Raconte les lieux que Saint Paul visita ?
R. Derbe, Iconie, Lystre, Antioche en Syrie, Perge, Atali, & Antioche en Pisidie.
D. Quelles estoient les actions ordinaires de Saint Paul quand il visitoit les Eglises ?
R. Il s'occupoit à prier, à prescher, & à jeusner.
D. Que fit Saint Paul entre le premier & le second Voyage ?
R. Il monta à Jerusalem pour assister au Concile ou à l'assemblée des fideles, au sujet d'un different qui y estoit survenu. (ch. 15.)
D. Quel estoit ce different ?

R. Sion peut estre sauvé sans estre circoncis.
D. Quelle en fut la decision ?
R. Il fut declaré, que les Gentils convertis ne devoient point estre surchargez du Joug de la Loy.
D. Raconte se second Voyage de Saint Paul ?
R. Son second Voyage fut en Syrie, Cilice, Lystre, Derbe, Phrygie ; Galatie, Mysie, Troas, Samothrace, Neapolis, Philippes, Thessalonique, Berée, Athenes, Corinthe, Cenchrée, Ephese, Cesarée & Antioche.
D. Qui prit-il avec luy ?
R. Silas. (ch. 15.)
D. Qu'est-ce que la Syrie.
R. C'est une Province aussi bien que la Cilicie, qu'on nomme à present Caramanie.
D. Que fit S. Paul à Lystre ?
R. Il Circoncit Timothée, fils d'une femme Juive, & d'un Pere Grec. (ch. 16.)
Mysie est une Province de l'Asie Mineure, & Troas une Ville qui fut aussi nommée Antigonie.
D. Qu'advint-il là à S. Paul ?
R. Il luy apparut de nuit une Vision d'un homme Macedonien, qui luy dit, vien, & nous aide.
Samothrace est une Isle.
Neapolis un port de Mer, c'estoit une Ville assise aux confins de Thrace & de Macedoine.
Philippes est une Ville appellée du Nom de Philippe Roy de Macedoine, où nasquit Alexandre le Grand.
D. Que fit là Saint Paul ?
R. Il convertit Lydie Marchande de pourpre, & il chassa hors d'une servante un Esprit de Python.
D. Que luy arriva-t-il en suite ?
R. Il fut accusé devant le Magistrat, fouëtté & jetté en prison, laquelle s'ouvrit de nuit par un tremblement de terre.
D. Que s'ensuivit-il ?
R. Le Geolier reveillé se voulut tuër, mais par les remonstrances & les instructions de Saint Paul, il creut en Jesus-Christ, & fut baptisé avec tous les siens.
D. Par qui fut-il mis en liberté ?
R. Par les Magistrats, parce qu'il estoit Cytoyen Romain.
D. Où s'en allerent-ils de là ?
R. A Amphipolis, Apollonie, & à Thessalonique.
D. Que fit Saint Paul en ces lieux ?
R. Il y convertit beaucoup de monde.
D. Comment fut-il receu des Juifs ?
R. Ils le persecuterent.
D. Où fut mené Saint Paul apres ces choses ?
R. Il fut mené à Athenes, qui estoit la plus

Sainte Ecriture.

celebre Academie du monde, mais à present on n'y void qu'un Chasteau nommé Sythur.

D. Qu'est-ce que Saint Paul fit à Athenes?
R. Il disputa avec des certains Philosophes Epicuriens & Stoïciens, & convertit Denis l'Areopagite, Juge & Conseiller en la Cour, dite l'Areopage, une femme nommée Damaris, & plusieurs autres.

D. Quel chemin prit-il de là?
R. Il vint à Corinthe, où il enseigna que Jesus est le Christ, & Crispe le Principal de la Synagogue avec toute sa maison, creurent & furent baptisez.

D. Où s'en alla-t-il de là?
R. A Cenchrée où il se fit raser la teste, en suite du vœu qu'il avoit fait, puis il arriva à Ephese où il prescha, & prit congé de ses freres, leur donnant l'esperance de son retour: or Apollos enseignoit alors à Ephese. De là il fit voile & descendit à Cesarée située en la Palestine, & de là il vint à Jerusalem, & à Antioche de Syrie.

D. Raconte le troisième Voyage de Saint Paul.
R. Il passa par la Galatie, Phrygie, Ephese, la Grece, la Macedoine, Philippes, Troas, Assor, Mytilene, Chios, Samos, Trogylle, Milet, Ptolemais, Cesarée, & par Jerusalem.
Galatie est une Province qui est appellée aujourd'huy Gallogræcia.

D. Que fit Saint Paul à Ephese?
R. Il y enseigna & prescha l'Evangile. Les livres de Magie & de sortilege furent bruslez, dont le prix se montoit à cinquante mille pieces ou dragmes d'argent, chaque dragme contée à la somme de dix sols, cela monteroit à la somme de 15000. francs: Demetrius excita une sedition contre luy, laquelle fut appaisée par le Greffier de la Ville. (ch. 19.)

D. Quel chemin prit Saint Paul partant d'Ephese?
R. Il s'en alla en Macedoine, qui est une partie de la Grece, nommée Eumathia.

D. Que fit Saint Paul à Troas?
R. Il y prescha, & ressuscita Eutyche qui estoit tombé par la fenestre.
Assor est une Ville de Mysie qui se nomme aussi Apollonie.
Mytilene est une Isle & Ville de mesme, Nom, peu esloignée d'Assos, en la Mer Egée; de mesme que Chios & Samos.
Trogylle, une Ville en Lydie.
Milet, une Ville située sur la Mer en la terre ferme d'Ionie, où il appella à soy les Anciens de l'Eglise d'Ephese.

D. Que fit-il en suite?
R. Il leur recommanda le troupeau du Seigneur, les exhortant à leur devoir, il leur predit ce qui luy arriveroit à Jerusalem, il les benit priant avec eux, & eux le conduisirent avec une grande tristesse jusques au Navire, ainsi estant parti, il s'en alla à Coos, Rhode, Patara, & en Phenice Province de Syrie, laquelle avoit les Villes de Syr & de Ptolomaïs pour ses Capitales. De là il vint à Cesarée.

D. Où fut-il logé à Cesarée?
R. En la maison de Philippe l'Evangeliste, qui estoit un des sept premiers Diacres, & il avoit quatre filles vierges qui prophetisoient.

D. Que luy advint-il en ce lieu?
R. Le Prophete Agabus luy predisant qu'il seroit enchaîné à Jerusalem, les freres le prierent avec larmes de n'y pas aller.

D. Y alla-il nonobstant leurs prieres?
R. Oüy; il se resigna à la volonté de Dieu.

D. Que fit-il à Jerusalem?
R. Il recita les choses miraculeuses que Dieu avoit faites par son Ministere. (ch. 21.)

D. Quel conseil luy fut donné par ceux de Jerusalem?
R. De se purifier dans le Temple.

D. Que luy advint-il en suite?
R. Le peuple excita un grand tumulte contre luy, & tascha de le tuër.

D. Comment fut-il sauvé?
R. Il fut enlevé par le Capitaine Lysias, & mené en la forteresse.

D. Qu'obtint-il de ce Capitaine?
R. Il luy permit de se deffendre devant le peuple Juif, & de luy rendre compte de sa Religion.

D. Sa deffense fut-elle bien receuë?
R. Non, car les Juifs exciterent un nouveau tumulte, & crierent qu'il estoit indigne de vivre, surquoy le Capitaine le fit lier pour estre foüetté. (ch. 22.)

D. Passa-t'on outre?
R. Non, on le délia à cause qu'il estoit Citoyen Romain.

D. Fut-il entierement delivré?
R. Non, car on le presenta devant les principaux Sacrificateurs, & devant tout le Conseil.

D. Que luy arriva-t-il devant cette Assemblée?
R. Le souverain Sacrificateur Ananias luy fit donner un soufflet. (ch. 23.)

D. Quelle fut l'issuë de ce Conseil?
R. Il y eut de la division entre les Sadduceens & les Pharisiens au sujet de la doctrine de la Resurrection des Morts.

D. Où fut-il envoyé en suite ?
R. il fut envoyé à Cesarée au Gouverneur Felix.
D. Pourquoy fut-il envoyé à Felix ?
R. Parce que quarante d'entre les Juifs firent vœu de ne boire ni manger qu'ils n'eussent tué Saint Paul.
D. Que luy advint-il à Cesarée ?
R. Le souverain Sacrificateur Ananias & les Anciens du peuple comparurent avec l'Avocat Tertulle devant Felix pour accuser Saint Paul.
D. Comment se comporta S. Paul en cette rencontre ?
R. Il respondit à leurs accusations avec confession de sa Religion, de sa Foy & de sa vie, & se deffendit ainsi devant le Gouverneur Felix, devant Festus & devant le Roy Agrippa.
D. Pourquoy est-ce que Felix ne le renvoya point libre apres cette deffense ?
R. Parce qu'il esperoit qu'on luy donneroit de l'argent pour le delivrer.
D. Pourquoy le laissa-t-il dans les prisons ?
R. Pour gratifier les Juifs.
D. Pourquoy est-ce que Saint Paul appella à Cesar ?
R. Parce que Felix le vouloit presenter aux Juifs à Jerusalem.
D. Qui estoit avec Festus ?
R. Le Roy Agrippa & la Reyne Bernice propre sœur du Roy.
D. Recite le quatriéme voyage de Saint Paul.
R. Sidon, Chypre Cilice, Pamphylie, Myra, Gnide, Crete, Salmone, Beauxports, Clauda, Malte, Syracuse, Rhege, Puzol, Marché d'Appius, & les trois Boutiques, en latin Appij Forum & tres Tabernæ.
D. Qui fit ce voyage avec luy ?
R. Le Centenier Jule, & Aristarque de Macedoine. (ch. 27.)
Sidon est une Ville en Cilicie.
Chypre est une Isle de la Mer mediterranée.
Cilicie est une Province de l'Asie mineure située sur la Mer.
Myra, est une Ville de la Province de Lycie.
Gnide, est une Isle de la Mer mediterranée.
Salmone, est un promontoire en Crete.
Beauxports ou Bonports est une Ville maritine de Crete.
D. Qu'arriva-t-il à Saint Paul en Crete ?
R. Une furieuse tempeste s'estant levée sur la Mer, ils furent tous en grand danger, mais S. Paul les consolant, fit demeurer les Matelots dans le Navire, & les exhorta tous de prendre quelque nourriture, apres le vaisseau s'estant brisé, ils firent naufrage, & tous aborderent le mieux qu'ils pûrent à l'isle de Malte.
D. Que luy advint-il à Malte ?
R. Il fut mordu d'une Vipere, laquelle ayant secoüée dans le feu, il n'en receut aucun mal. Il guerit dans cette Isle le Pere de Publius qui avoit la fiévre, & plusieurs autres malades. (ch. 28.)
Syracuse est la Ville Capitale de Sicile.
Rhege, est une Ville & un Havre celebre au Royaume de Naples en Italie.
Pluzol est une Ville Maritine de la Campagne heureuse, ou Terre de Labour.
D. Que fit S. Paul à Puzol ?
R. Il y trouva des freres ou des Chrestiens, avec lesquels il demeura sept jours, c'est à ces freres qu'il a escrit depuis de Corinthe l'excellente Epistre aux Romains.
Le Marché d'Appius fut ainsi nommé d'un certain Appius Claudius dit l'Aveugle, qui en sa vie avoit fait paver de belles pierres quarées le chemin de Rome à Capouë, ou selon d'autres à Brandis; & sur ce mesme chemin estoit bastie la petite Ville Cisserna, ou trois boutiques.
Rome est la Capitale d'Italie.
D. Comment se comporta le Centenier avec S. Paul ?
R. Il livra les prisonniers au Capitaine general, mais quant à S. Paul il luy fut permis de demeurer à part avec un soldat qui le gardoit.
D. Que fit Saint Paul en suite ?
R. Il assembla les Principaux d'entre les Juifs, & leur rendit compte pourquoy il avoit appellé à Cesar.
D. Combien demeura-t-il à Rome ?
R. Deux ans; dans un logis qu'il loüoit, où il preschoit la Foy à tous ceux qui le venoient escouter. A la fin il fut decapité sous l'Empereur Neron.

Fin des Actes des Apostres.

L'Apocalypse, ou Revelation de Saint Iean.

D. Pourquoy est-ce que ce livre est intitulé Apocalypse ?
R. Parce qu'il contient les Visions Prophetiques arrivées à l'Evangeliste & Apostre Saint Jean.
D. En quel lieu luy furent dressées ces Revelations ?
R. En l'Isle de Patmos, où il fut relegué par l'Empereur

Sainte Ecriture.

l'Empereur Domitian, environ soixante-quatre ans après l'Ascension du Seigneur.

D. Qu'est-ce que Patmos?

R. C'est une Isle en la Mer Egée, l'une des Isles dites vulgairement les Sporades.

D. Où est située cette Mer?

R. Entre la Grece & l'Asie mineure, là où l'Europe & l'Asie se separent.

D. Quand receut-il cette Revelation?

R. Un jour de Dimanche.

D. De qui?

R. De Dieu le Pere, qui declara ces choses à son Serviteur Jean, & les luy adressa par son Ange Jesus-Christ.

D. Quel est le but de ce livre?

R. Que nous lisions, escoutions, considerions, & observions son contenu pour nostre Consolation & Salut.

D. Comment est divisé ce livre?

R. En deux parties : la premier traitte des choses presentes, & la seconde des choses à venir.

D. Quelles furent alors les choses presentes?

R. Les sept Epistres envoyées aux sept Eglises de l'Asie Mineure, representées par les sept Chandeliers d'or. (ch. 1)

D. Comment s'appellent ces sept Eglises?

R. L'Eglise d'Ephese, de Smyrne, de Pergame, de Thyatire, de Sardis, de Philadelphie, & de Laodicée.

D. Comment se peuvent diviser ces Epistres?

R. Toutes se peuvent commodement diviser en trois parties : la premiere consiste en leur entrée ou Titre; la seconde contient un advertissement, & la troisiéme la conclusion.

D. Que doit-on observer principalement en leur Titre.

R. La maniere toute particuliere dont l'Autheur se sert pour animer à la foy ceux à qui il les adresse.

D. Que remarque-t-on en leur seconde partie?

R. Comme il exalte le bien qu'il trouve dans les Eglises, & comme il reprend le mal qu'il y rencontre.

D. Et en la troisiéme?

R. Il conclud toutes ses Epistres par une exhortation & par un promesse.

D. Quel est le commencement ou l'entrée de la premiere Epistre escrite à l'Eglise d'Ephese?

R. Celuy, sçavoir Jesus-Christ, qui tient les sept estoiles en sa main droite, qui chemine au milieu des sept chandeliers dit ces choses.

D. Que dit-il de cette Eglise?

R. Il la loüe pour son travail, pour sa patience, pour sa vigilance, & en ce qu'elle sonde & examine la vraye doctrine, & qu'elle hait les Actions des Nicolaïtes.

D. De quoy la blasme-t-il?

R. De ce qu'elle avoit quitté sa ferveur & sa charité, & qu'elle s'estoit relaschée à bien faire aux pauvres membres de Jesus-Christ.

D. Qu'elle est l'exhortation & la conclusion de l'Epistre?

R. Que celuy qui a oreille oye ce que l'Esprit dit aux Eglises. Et cela est la closture de toutes les Epistres.

D. Et quelle est la promesse?

R. Qu'il donnera au vainqueur à manger de l'arbre de Vie, lequel est au milieu du Paradis de Dieu.

D. Quel est le Titre de celuy qui escrit à l'Eglise de ceux de Smirne?

R. Le premier & le dernier qui a esté mort, & est retourné en vie, dit ces choses.

D. De quoy les loüe-t-il?

R. Il les loüe pareillement de plusieurs Vertus, de leurs Œuvres, de leur patience dans les tribulations & dans la pauvreté.

D. Que reprend-il en eux?

R. Le blaspheme de ceux qui se disent estre Juifs & ne le sont point, mais sont la synagogue de Satan.

D. Quelle est la promesse?

R. Que celuy qui vaincra ne sera point offensé par la mort seconde.

D. Quelle est l'entrée de l'Epistre à ceux de l'Eglise de Pergame?

R. Celuy qui a l'espée aigue à deux trenchans, dit ces choses.

D. Que dit-il de cette Eglise?

R. Il la loüe pour sa constance dans l'affliction, & la reprend de sa nonchalance envers ceux qui suivoient la Doctrine de Balaam & des Nicolaïtes.

D. Que promet-il à celuy qui vaincra?

R. De luy donner à manger de la Manne qui est cachée, & de luy donner un caillou blanc auquel sera escrit un nouveau Nom, pour asseurance de sa Justification.

D. Quel est le Titre de celuy qui fit escrire à l'Eglise de Thyatire?

R. Le Fils de Dieu qui a ses yeux comme une flamme de feu, duquel les pieds sont semblable à de l'airain tres-luisant.

D. Que loüe-il en cette Eglise?

R. Ses œuvres, sa charité, son service, sa foy, sa patience, & son accroissement en bien.

D. Que blasme-il en elle?

R. De ce qu'elle souffroit que la femme Jezabel prophetisast pour les faire paillarder & manger des choses sacrifiées aux Idoles.

D. Quelle est la promesse?

O

R. Il promet à celuy qui vaincra l'Estoile du Matin, par laquelle on peut entendre une clarté celeste & la parfaite connoissance de Dieu. (Voyez Ps. 36. 7. Esaï. 58. 8. 1. Cor. 15. 28.)

D. Quel est le Nom de celuy qui escrit à l'Eglise de Sardis?

R. Celuy qui a les sept Esprits de Dieu, & les sept Estoiles.

D. Que trouve-t-il de bon en cette Eglise?

R. Quelque peu de personnes qui n'ont point souillé leurs vestemens, ny par une Doctrine impure, ny par la paillardise, ou par une vie profane.

D. Que connoît-il de mauvais en elle?

R. Qu'elle a le nom de vivre & qu'elle est morte, que ses Oeuvres ne sont point parfaites.

D. Quelle est la promesse?

R. Que celuy qui vaincra sera vestu de vestemens blancs, (qui estoient les marques de l'innocence, du triomphe, & de la Gloire,) & qu'il n'effacera point son Nom du livre de vie, mais qu'il le confessera devant son Pere & devant ses Anges.

D. Quel est le Titre de celuy qui escrit à l'Eglise de Philadelphie?

R. Le saint & le veritable qui a la clef de David, qui ouvre, & nul ne ferme; qui ferme, & nul n'ouvre.

D. De quoy la loüe-t-il?

R. De ce qu'encore que sa puissance soit petite contre les ennemis de l'Evangile, elle a neanmoins gardé sa parole, & qu'elle n'a point renié son Nom, mais qu'elle se soutient encore par la foy.

D. Que blasme-t-il en elles?

R. L'Assemblée de Satan, de ceux qui se disent estre Juifs & ne le sont point, mais qui mentent.

D. Quelle est la promesse?

R. Que celuy qui vaincra sera fait une Colomne au Temple de son Dieu, & qu'il escrira sur luy le Nom de son Dieu, & le Nom de la Cité de son Dieu, qui est la nouvelle Jerusalem; c'est à dire: je le mettray dans l'Eglise triomphante au Ciel, en l'invariable Possession de ma Gloire.

D. Quel est le Titre de celuy qui escrit à l'Eglise de ceux de Laodicée?

R. L'Amen, le Tesmoin fidele & veritable, le commencement de la Creature de Dieu.

D. Que dit-il d'elle?

R. Rien de loüable; il censure sa tiedeur, qu'elle n'est ni froide ni boüillante, pleine de vaine Gloire, ne connoissant point qu'elle est malheureuse, miserable, pauvre, aveugle & nuë.

D. Quelle est la promesse?

R. Qu'il fera seoir avec luy en son Trône celuy qui vaincra, c'est à dire qu'il le rendra participant de sa Gloire.

D. Comment est divisée la seconde partie de ce Livre?

R. En deux parties; la premiere declare l'Autheur de cette Revelation, (ch. 4.) Et la seconde represente & explique plusieurs visions depuis le quatriéme chapitre jusques à la fin du Livre.

D. Qui est l'autheur de cette Revelation?

R. Dieu le Pere assis sur son Trône, environné de vingt-quatre Anciens, qui se prosternoient devant celuy qui estoit assis sur le Trône, & adoroient le vivant és siecles des siecles. (ch. 4.)

D. Comment est declarée la Revelation?

R. Par deux livres; le premier commençant dés le quatriéme chapitre jusques au dixiéme, & le second depuis le dixiéme jusques à la fin de l'Apocalypse.

D. Qu'est-il dit du premier?

R. Trois choses. 1. Son Estat. 2. La declaration qui le devoit ouvrir. 3. La Matiere qui y est contenuë.

D. En quel estat estoit ce livre?

R. 1. Il estoit en la main droite de celuy qui estoit assis sur le Trône.
2. Il estoit escrit dedans & dehors.
3. Il estoit scellé de sept Seaux. (ch. 5.)

D. Que dit le S. Esprit de son Ouverture?

R. 1. Un Ange crioit à haute voix: qui est digne d'ouvrir le livre, & nul ne le pouvoit ouvrir, ny mesme le regarder.
2. Saint Jean en versoit des larmes de regret.
3. Un Ancien luy dit, qu'il cessât de pleurer, parce que le Lion de la Tribu de Juda, c'est à dire Jesus-Christ, avoit obtenu par sa victoire en mourant d'ouvrir ce Livre.

D. Comment nous est representée la matiere de ce Livre?

R. L'Agneau de Dieu en ouvrit les sept Seaux, & à l'ouverture de chacun il se presenta quelque vision.

D. Quelle Vision apparut à l'ouverture du premier Sceau?

R. Un cheval blanc, & celuy qui estoit monté dessus avoit un Arc & une Couronne.

D. Que vid Saint Jean comme le second Sceau fut ouvert?

R. Un autre cheval, qui representoit la guerre, il estoit roux, & celuy qui estoit dessus avoit une grande Espée.

D. Que parut-il à l'ouverture du 3. Sceau?

R. Un cheval noir, qui representoit la famine, celuy qui estoit monté dessus avoit en sa main une balance.

D. Qu'est-ce qui sortit comme l'on ouvrit le quatrième Sceau ?

R. Un Cheval fauve ou pâle, qui representoit la Mortalité ou la Peste, celuy qui estoit monté dessus s'appelloit la Mort, & l'Enfer le suivoit.

D. Qu'est-ce qui parut à l'ouverture du cinquième Sceau ?

R. Les Ames de ceux qui avoient esté tuez pour la parole de Dieu.

D. Que vid-on au sixiéme Sceau ?

R. On vid quel seroit un jour l'effroy des meschans, car il se fit un grand tremblement de terre, le Soleil devint noir, & la Lune toute comme du sang, les Estoiles du Ciel tomberent sur terre ; & un Ange tenant le Sceau de Dieu pour marquer les serviteurs de Dieu, afin qu'ils ne fussent pas endommagez.

D. Qu'est-ce qui parut à l'ouverture du septiéme Sceau ?

R. Sept Anges avec sept trompettes, qui nous representent les effroyables Jugemens de Dieu contre les Meschans.

D. Que nous declare le second livre depuis le dixiéme chapitre jusques à la fin de l'Apocalypse ?

R. 1. L'Estat de l'Eglise en ce Monde. 2. Sa Gloire dans le Monde à venir.

D. Qu'est-il dit de l'Estat de l'Eglise en ce Monde ?

R. 1. La Consolation qu'elle aura par la revelation de la parole, dans le 10. & 12. chap. Les Persecutions dont elle sera tourmentée.

D. Qu'est-il dit de la Revelation de la Parole ?

R. L'Ange donna le livre ouvert à l'Apostre pour le devorer, luy declarant qu'il luy faut desormais Prophetiser ; & cela fut confirmé par les deux tesmoins, les deux Olives, & les deux Chandeliers. La mesme chose est representée dans l'onzième verset ; quand l'Esprit de vie venant de Dieu entra en eux, c'est à dire que Dieu suscitera & substituëra d'autres tesmoins en la place de ceux qui ont esté tuez, & qu'il les inspirera du mesme Esprit que les precedens. (ch. 11.)

D. Par qui fut persecutée l'Eglise ?

R. 1. Par la Beste qui monta de l'Abysme. (ch. 11. 7.)

2. Par le Dragon roux, le vieux Serpent. (ch. 12. 3.)

3. Par la Beste qui avoit sept Testes, & dix Cornes. (ch. 13. 1.)

4. Par la Beste qui avoit deux Cornes semblables à celles de l'Agneau, mais laquelle parloit comme le Dragon.

5. Par la grande Paillarde de Babylone. (ch. 17.)

6. Par la Beste avec le faux Prophete, & les Esprits immondes.

7. Par Gog & Magog.

D. L'Eglise fut-elle vaincuë par ces persecutions ?

R. Non ; Dieu consola & fortifia les Fideles en toutes leurs angoisses.

1. Car premierement comme la femme fut obligée de fuïr de devant le Dragon roux en un desert (l'Eglise apres la Resurrection de Jesus-Christ fut reduite à cette misere de se cacher par tout à cause des furieuses persecutions.) Dieu luy prepara un lieu pour y estre nourrie. (ch. 12. 6.)

2. L'Eglise fut consolée par l'Evangile Eternel. (ch. 14. 6.)

3. Les victorieux de la Beste chanterent le Cantique de Moyse, c'est à dire, ils chantoient un Cantique d'action de Graces pour avoir esté delivrez du diable, de l'Antechrist & de ses supposts, ainsi que Moyse celebra le nom de l'Eternel en reconnoissance de la redemption miraculeuse de son peuple, comme il se lit. (Exod. 15.)

D. Qu'arriva-t-il aux ennemis de l'Eglise ?

R. 1. Michel & ses Anges combattirent contre le Dragon.

2. Sept Anges répandirent sur la Terre les sept Calices de la colere de Dieu. (ch. 6. &c.)

3. La Beste, le faux Prophete, la Paillarde de Babylone, Gog & Magog, comme aussi les huit Serpens furent vaincus, & le peuple de Dieu delivré de leurs insultes.

D. Apres avoir veu l'Estat de l'Eglise combattant en ce Monde, qu'est-il dit de l'Eglise triomphante, & de sa Gloire ?

R. 1. L'Apostre vid toute choses nouvelles, le Ciel, la Terre, la sainte Cité, parée comme une Espouse qui se pare pour son Espoux, ornée de Sapience, de Justice, & de Sainteté parfaite.

2. Il vid l'Espouse, qui est la femme de l'Agneau, l'Eglise de Jesus-Christ glorifiée, & le lieu de son Habitation. (ch. 21.)

3. La Gloire de l'Eglise de Dieu & de la Jerusalem Celeste luy fut representée par la Vision du fleuve d'une Eau vive brillante, & de l'Arbre de Vie, & de ses Fruits, & de l'Estoile resplandissante.

4. Enfin l'Eglise de Dieu desirent avec Ardeur par des soûpirs inenarrables le dernier Advenement de Jesus-Christ son Espoux ; disant : Vien, Vien, bien-tost, Voire Seigneur Jesus Vien !

Fin de l'Apocalypse, ou Revelation de Saint Iean.

ABREGÉ DE LA CHRONOLOGIE SAINTE.

CHAPITRE I.

De la Division des Ages du Monde.

ON peut dire à ceux qui ne veulent pas s'embarrasser dans les recherches exactes ny dans des Estudes à fond de la Chronologie, mais seulement en avoir une veuë generale, que comme la semaine se divise en sept jours, tout le temps aussi depuis la creation du Monde jusques à maintenant se divise en sept âges.

Le premier âge a commencé avec le Monde, & s'est terminé au Deluge. Et il comprend 1656. ans, 1. mois, & 26. jours.

Le second âge a commencé à la fin du Deluge, c'est à dire à l'an 1657. & s'est terminé à la Vocation d'Abraham qui est arrivé en l'an 2083. Et il comprend 427. ans, 4. mois, & 18. jours.

Le troisiéme âge a commencé à la Vocation d'Abraham, & s'est terminé à la delivrance du peuple Juif de l'Egypte arrivé en l'an 2513. Et il comprend 430. ans.

Le quatriéme âge a commencé à la sortie du peuple Juif de l'Egypte, & s'est terminé à la fondation du Temple de Salomon, arrivé en l'an 2992. Et il comprend 479. ans & 17. jours.

Le cinquiéme âge a commencé à la fondation du Temple & s'est terminé à la fin de la captivité des Juifs arrivé en l'an 3468. lors que Cyrus leur permit de s'en retourner, & il comprend 476. ans.

Le sixiéme âge a commencé à la liberté que Cyrus accorda aux Juifs, & s'est terminé à la Naissance de Jesus-Christ arrivée en l'an 4000. ainsi il comprend 532. ans.

Le septiéme âge enfin a commencé à la Naissance de Jesus-Christ, & se terminera à la fin du Monde.

CHAPITRE II.

Du premier Age.

POur dire un mot de chacun de ces sept âges, on peut voir ce qui s'est fait dans le premier par cette petite table recueillie de ce que l'Escriture nous apprend de ces premiers temps, & qui marque la Naissance & la Mort des premiers Peres.

Table du premier Age du Monde.

	Est né l'an du Monde.	A engendré l'an de sa vie.	A vescu.	Est mort l'an du Monde.
1. Adam.	1	130	930	930
2. Seth.	130	105	912	1042
3. Enos.	235	90	605	1140
4. Kenan.	325	70	910	1235
5. Mehalaleel.	395	65	805	1290
6. Jared.	460	162	962	1422
7. Henoch.	622	65	395	1587
8. Methuscela.	687	187	969	1656
9. Lamech.	874	182	777	1651
10. Noé.	1056	500	950	2006
	L'an du Monde.	De la vie de Noé.	A finy l'an	
Le Deluge a commencé.	1656.	600.	1650	

Tout est clair dans cette Table. On y void l'âge des dix premiers Patriarches. On void le temps auquel ils sont nez, celuy auquel ils ont commencé d'avoir des Enfans, & quel âge ils avoient lors qu'ils sont morts. L'Escriture a marqué precisément toutes ces circonstances, & c'est d'elle qu'on a pris ce qui est icy. C'est par elle que l'on reconnoist que le Deluge est arrivé l'an 1656. du Monde, puisqu'il est arrivé l'an 600. de Noé qui est né l'an 1056. du Monde. On void mesme par le detail que l'Escriture remarque, que l'année alors estoit de douze mois comme nos années d'aujourd'huy.

CHAP.

CHAPITRE III.
Le second Age du Monde.

Nous avons desia dit que ce second âge du Monde commence à la fin du Deluge & qu'il se termine à la Vocation d'Abraham : qu'ainsi ayant commencé l'an 1657. du Monde, & estant finy l'an 2083. il comprend en tout 426. ans. On peut voir dans la Table suivante quel a esté le Nombre des années des dix autres Patriarches qui ont suivi ceux du premier âge, & combien ils ont vescu.

Table du second Age du Monde.

	Est né l'an du Monde.	A engendré l'an de sa vie	A Vescu.	Est mort l'an du Monde.
1. Sem.	1558	100	600	2158
2. Arpacsçad.	1658	35	338	1996
3. Scela.	1693	30	433	2126
4. Heber.	1723	34	464	2187
5. Peleg.	1757	30	239	1996
6. Rehu.	1787	32	239	2026
7. Serug.	1819	30	230	2049
8. Nacor.	1849	29	148	1997
9. Tharé.	1878	130	205	2083
10. Abraham.	2008			
Abraham est venu en la terre de Canaan âgé de 75. ans.		L'an du Monde. 2083.		

Tout paroist clair dans la Table precedente. On voit dans les quatre premiers de ces Patriarches, que les années de la Vie de l'homme estoient desia abregées de la moitié, & dans les six autres qu'elles estoient encore devenuës plus courtes de la moitié que les années de ces quatre qui les precedoient.

CHAPITRE IV.
Du troisiéme Age du Monde.

ON a desia dit que ce troisiéme âge du Monde commençoit à la vocation d'Abraham, arrivée en l'an 2083. & qu'il se terminoit à la sortie du peuple Juif de l'Egypte, qui est arrivée 430. ans apres. On peut voir dans la Table suivante une partie de ce qui est arrivé de plus considerable alors.

Table du troisiéme Age du Monde.

	Ans du Monde.	Depuis la Vocation d'Abraham.	Avant l'Exode.	Avant Jesus-Chrift.
Abraham vient en Canaan, Tharé estant mort.	2083	0	430	1921
Ismaël naist l'an d'Abraham 86.	2094	11	419	1910
Isaac naist l'an d'Abraham 100.	2108	25	405	1896
Isaac à l'âge de quarante ans prend pour femme Rebecca.	2148	65	395	1856
Jacob naist l'an d'Isaac 60.	2168	85	345	1836
Abraham meurt en son année 175. quinze ans apres la Naissance de Jacob.	2183	100	330	1821
Jacob fut chez Laban âgé de 77. ans, il le sert 20. ans.	2245	162	268	1759
Il espouse Lea, & en suite Rachel l'an de sa vie 84.	2252	169	261	1752
Levi naist de Lea.	2255	172	258	1749
Joseph de Rachel.	2259	176	254	1745

Table du troisiéme Age du Monde.

	Ans du Monde.	Depuis la vocatió d'Abraham.	Avant l'Exode.	Avant Jesus-Christ.
Jacob retourne chez son Pere, apres avoir servi 20. ans chez Laban.	2265	182	248	1739
Joseph est vendu estant âgé de 16. ans.	2276	193	237	1728
Isaac meurt 12. ans apres que Joseph fut vendu.	2288	205	225	1716
Joseph est presenté à Pharaon âgé de 30. ans.	2289	206	224	1715
Jacob descend en Egypte âgé de 130. ans.	2298	215	215	1706
Jacob meurt âgé de 147. ans, ayant demeuré 17. en Egypte.	2315	238	198	1688
Joseph meurt apres avoir gouverné l'Egypte 80. ans.	2378	286	144	1635
Levi meurt.	2392	309	121	1612
Aaron naist.	2430	347	83	1574
Moyse naist.	2433	350	80	1571
Il fut chez Jethro.	2473	390	40	1531
EXODE.	2513	430	0	1481

Tout ce qui est marqué dans la Table precedente est pris de la Sainte Escriture, & ainsi on n'en peut douter.

CHAPITRE V.
Du quatriéme Age du Monde.

CE quatriéme âge, comme nous avons déja veu, a commencé à la sortie des Juifs de l'Egypte, c'est à dire l'année 2513. & s'est terminé à la fondation du Temple de Salomon, c'est à dire en l'an 2992. Ainsi cet intervalle a esté de 479. ans, qu'on peut diviser suivant la Table suivante, qui apprend qui ont esté les conducteurs du peuple de Dieu, depuis Moyse jusques à Salomon.

Table du quatriéme Age du Monde.

Ans du Monde.			Ans avant J. Christ.
2553	Moyse meurt, depuis la sortie d'Egypte	40. ans.	1451
2559	Depuis la mort de Moyse jusqu'au repos donné par Josué il y a	6. ans.	1445
2599	De là jusqu'à la paix donnée par Hothniel	40. ans.	1405
2679	De là à la paix donnée par Ehud	80. ans.	1325
2719	Depuis Ehud jusqu'à la paix donnée par Debora, il y a	40. ans.	1285
2759	De là à la paix donnée par Gedeon	40. ans.	1245
2768	Gedeon estant mort les Enfans d'Israël servirent Baal durant quelques années, environ	9. ans	1236
2771	En suite Abimelec gouverna le peuple	3. ans.	1233
2794	Thola	23. ans.	1208
2816	Jaïr	22. ans.	1188
2822	Jephthé	6. ans.	1182
2829	Ibtsan	7. ans.	1175
2839	Elon	10. ans.	1164
2847	Habdon	8. ans.	1157
2887	Heli	40. ans.	1117
2909	Samuel	21. ans.	1095
2949	Saül	40. ans.	1055
2989	David	48. ans.	1015
2992	Les fondemens du Temple furent jettez au commencement de l'année 4. de Salomon.	4. ans.	1012

Somme 479.

Il n'y a rien dans cette Table qui ne soit pris de l'Ecriture Sainte. On ne void point qu'il y soit parlé de Samson, lequel apparemment a fait sous Heli des Actions d'une force si extraordinaire dont parle l'Ecriture : ou bien il faut prendre la moitié des années d'Heli, c'est à dire vingt pour les donner à Samson, comme ont fait plusieurs.

Chapitre VI.

Du cinquième Age du Monde.

Plus on s'éloigne de la Creation du Monde, plus on trouve d'obscurité pour regler les temps dans les Ecritures Saintes, mais on peut en récompense trouver plus de lumiere dans les Ecrits des Autheurs profanes. Ce cinquième Age du monde commence, comme nous avons dit, à la fondation du Temple de Salomon, qui se fit en l'an 2991. & se termine à la fin de la captivité des Juifs, qui arriva sous le Roy Cyrus, l'an 3486. ainsi cet âge comprend 476. ans. Le Temple fut sept ans & demi à bastir, & il fut dedié l'an 3001. qui ouvroit le quatriéme Millenaire du Monde. Salomon a regné 40. ans, & est mort l'an du monde 3029. 975. ans avant Jesus-Christ. Mais il n'est pas croyable combien la division de son Royaume, entre les Roys de Juda & d'Israël, qui arriva apres sa mort, cause d'embarras dans la Chronologie, & combien de tres-habiles gens ont eu de peine à accorder toutes les difficultez qui s'y rencontrent. Pour les éclaircir le plus nettement qu'il se pourra, on mettra ici une double Table, l'une des Rois de Juda, & l'autre des Rois d'Israël.

Table des Rois de Juda.

Ans du Monde.		Ans avant J. Christ.
3029	Roboam regna 18. ans.	18
3046	Abijam au 18. an de Jeroboam succede à son pere, & regne 3. ans.	3
3049	Asa la 20. année de Jeroboam succede à son pere, & regne 41. ans.	41

Table des Rois d'Israël.

Ans du Regne.		Ans avant J. Christ.
22	Jeroboam regna 22. ans.	995
2	Nadab la 2. année d'Asa succeda à son pere Jeroboam, & regna 2. ans.	953
24	Bahasça la 3. année d'Asa, usurpa le Royaume, & regna 24. ans.	951
2	Ela succede à Bahasça son pere, l'an 26. d'Asa, & regne 2. ans.	927
7 jours.	Zimri l'an 2. d'Elah, le 27. d'Asa, prend le Royaume, & regne 7. jours.	925
12	Homri est establi Roi par le peuple, & regne 12. ans.	925
22	Achab succede à son pere, l'an 38. d'Asa, & regne 22. ans.	913

Rois de Juda.

Ans du Monde.		Ans du Regne.
3090	Josaphat succede à Asa son pere, l'an 4. d'Achab, & regna 20. ans.	20
3110	Josaphat à l'exemple d'Achab establit Joram son fils Viceroi, & estant âgé lui fait part de sa puissance Royale, l'an 5. de Joram Roi d'Israël.	8
3119	Achazia succede à son pere l'an 12. de Joram fils d'Achab, & regna 1. an.	1
3118	Hathalia occupe le Royaume pendant 7. ans.	7
3126	Joas âgé de 7. ans est montré au peuple par le grand Sacrificateur Jojada. Il est sacré la 7. année de Jehu, & regna 40. ans.	40
3166	Amatzia succede à son pere l'an 2. de Joas, & regne 29. ans.	29

Rois d'Israël.

Ans du Regne.		Ans avant J. Chrif.
2	Achab l'an 17. de Josaphat establit son fils Achazja Viceroi, & gouverne le Royaume pendant 2. ans.	891
12	Joram fils d'Achab apres la mort d'Achazja son frere, lui succede l'an de Josaphat 18. & regne 12. ans.	889
26	Jehu est sacré Roi par un Prophete, & regne 26. ans. Ce fut lui qui tua Achazja Roi de Juda, avec Joram Roi d'Israël.	877
17	Jehoachaz succede à Jehu son pere, l'an 23. de Joas Roi de Juda, & regna dix-sept ans.	851
16	Joas fils de Jehoachaz est associé au Royaume l'an 37. de Joas, & regne pendant 16. ans.	834

Rois d'Israël.

Ans du Regne.		Ans avant J. Chrif.
41	Jeroboam fut establi Roi par Joas son pere, lors qu'il alla faire la guerre au Roi de Syrie.	818
	Mais l'année 15. d'Amatzja Joas estant mort, l'Ecriture dit que Jeroboam regna au lieu de lui 41. ans.	
	Apres la mort de Jeroboam tout fut en trouble, & il y eut un interregne de quelques ans.	
6 mois.	Zacharie apres cet interregne regna 6. mois.	772
1 mois.	Sallum ayant tué Zacharie l'an 39. d'Hazarja regna un mois.	772
10	Menahem tua Sallum, & regna 10. ans par le secours de Phul Roi des Assyriens.	772

Rois de Juda.

Ans du Monde.		Ans avant J. Chrif.
3194	Hazarja, apres que son pere eut esté tué, regna la 27. année de Jeroboam, & son regne dura 52. ans.	52

Rois de Juda.

Ans du Monde.		Ans du Regne.
3246	Jotham succeda à Hazarja, l'an 2. de Pekach, & regna 16. ans.	16
3262	Achaz succeda à Jotham son pere, l'an 17. de Pekach, & regna 16.	16
3277	Ezechias fut associé au Royaume par Achaz son pere, & regna 29. ans.	29

Chronologie Sainte.

Rois d'Israël.

Ans du Regne.		Ans avant J. Chrit.
2	Pakachia succede à Menahem son pere, l'an 50. d'Hazarja, & regna 2. ans.	762
20	Pekach fils de Romelie ayant tué Pakachia, regna 20. ans.	759
20	Hosée fils d'Ela, ayant tué Pekach, regna en sa place, mais les grands troubles causerent un interregne de 9. ans, apres lequel il reprit le Royaume. L'an 9. d'Hosée, & le 6. d'Ezechias, Salmanasar prit Samarie, apres un siege de trois ans, & emmena les dix Tributs captives. Ainsi finit le Royaume d'Israël, apres avoir duré 254. ans depuis sa division d'avec celuy de Juda.	739

Suite des Rois de Juda apres la ruine de Samarie.

Ans du Monde.		Ans avant J. Chrit.
3284	Il paroist dans la Table precedente que Samarie fut prise l'an 6. d'Ezechias.	720
3291	Senacherib Roy d'Assyrie vint attaquer Ezechias l'an 14. de son regne. Ce fut en ce temps qu'Ezechias estant malade à la mort, fut miraculeusement guery pour vivre & regner encore 15. ans, dont il fut asseuré par le miracle qui arriva à l'horloge d'Achas. Un Ange tua toute l'Armée de Senacherib.	713
3295	Ezechias meurt l'an 29. de son regne.	709
3306	Manassé son fils luy succe-	698

Ans du Monde.		Ans avant J. Chrit.
	de âgé de 12. ans, & il regna 55. ans. Manassé fut pris & mené en Babylone l'an 22. de son regne, & fit penitence en suite.	
3361	Manassé meurt. Ammon son fils regna apres luy 2. ans. Il est tué par la trahison des siens.	643
3363	Josias son fils âgé de 8. ans est establi Roy apres luy, & regna 31. an.	641
3394	Ayant entrepris legerement la guerre contre Necò Roy d'Egypte, il y fut tué, & toute la joye de Juda fut changée en deuil. Apres la mort de Josias, le peuple sacra son fils Jehochaz. Necò Roy d'Egypte revenant d'Assyrie, deposa Jehochaz, qui n'avoit regné que trois mois, & mit son frere aisné Eliakim, Roy à sa place, changeant son nom, & l'appellant Jehojakim, & amena avec luy Jehochaz captif en Egypte, où il mourut.	610
3398	Cette année, Nabucadnetsar Roy de Babylone prit Joachim captif pour l'amener en Babylone : mais s'étant accordé avec luy pour le tribut, il le laissa à Jerusalem. Et c'est icy qu'il faut commencer à compter les 70. années de la captivité.	606
3405	Jehojakim ayant esté tué par les Babyloniens, son frere Jechonias ou Jehojakim regna durant 3. mois à Jerusalem ; & Nebucadnetsar l'emmena à Babylone avec toutes les richesses de Juda & tous les vases du Temple. Il establit son oncle Roy, en changeant son nom en celuy de Sedecias. Sedecias regna à Jerusalem 11. ans.	399

Ans du Monde.		Ans avant J. Christ.	Ans du Monde.		Ans avant J. Christ.
	L'an 11. de Sedecias Jerusalem fut prise par les Babyloniens. Sedecias fut pris lors qu'il s'enfuyoit. On tua ses enfans en sa presence, on lui creva les yeux, on le chargea de chaisnes, & on le mena à Babylone. On brusla son Palais, on destruisit le Temple, on abbatit les murs de Jerusalem, & on emmena tout le peuple de Juda à Babylone, où il demeura jusques à l'an du Monde 3468.			ans. Son fils Cambyse luy succede pendant sept ans, apres lesquels le Mage Orapastés usurpa le Royaume : mais sept Seigneurs ayant conspiré contre luy, le tuerent ; & l'un d'eux nommé Darius Hystaspes fut reconnu de tous les autres pour Roy. C'est l'Assuërus sous lequel arriva l'histoire d'Ester.	
			3483		521
			3519	A Darius succeda Xerxés son fils qui regna 12. ans ; & son fils Artaxerxés qui luy succeda, en regna 48. Ce fut la septiéme année du regne de cet Artaxerxés appellé *Longimanus*, qu'Esdras ayant obtenu du Roy des Lettres Patentes, retourna en Judée avec beaucoup de monde pour y restablir la Republique des Juifs.	485
	CHAPITRE VII. *Du sixiéme Age du Monde.* ON a pû voir dans la Table precedente ce qui s'est passé de plus memorable dans les 476. ans pendant lesquels a duré le cinquiéme Age du monde, que nous avons dit se terminer à la fin de la captivité des Juifs, arrivée en l'an 3468. du monde, 536. ans avant l'Ere commune de JESUS-CHRIST. Le sixiéme Age commence à la fin de cette captivité, & se termine à la naissance de JESUS-CHRIST, arrivée l'an 4000. du monde. On peut voir dans la Table suivante ce qui est passé de plus remarquable.		3537		467
			3550	La 20. année du regne du mesme Artaxerxés, Nehemie obtint de luy le pouvoir de restablir les murs de Jerusalem. Et c'est de cette année que l'on commence à compter les 70. semaines de Daniel.	454
			3562	Malachie le dernier des Prophetes exhortoit en ce temps-là le peuple à retourner à Dieu, & semble avoir esté du mesme temps que Nehemie, qui retourna vers cette année chez le Roy de Perse, comme il le luy avoit promis.	442
	Table de ce qui s'est passé de plus remarquable dans le sixiéme Age du Monde.		3580	Xerxés II. succede à son pere Artaxerxés, & au bout d'un an fut tué par son frere Sogdianus, qui regna 7. mois.	424
3468	Cyrus estant devenu Maistre de tout l'Orient, permet aux Juifs de retourner en Judée. Ils le font, & les plus pauvres d'entr'eux obtiennent quelque gratification pour faire ce voyage.	536	3581	Ochus second fils d'Artaxerxés s'empara du Royaume, fit mourir Sogdianus en le precipitant dans une fosse pleine de cendres, & se fit appeller Dariæus, ou Darius Nothus.	423
3475	Cyrus meurt âgé de 70.	529	3600	Artaxerxés Mnemon son	404

Ans du Monde.		Ans avant J. Christ.	Ans du Monde.		Ans avant J. Christ.
	fils aîné luy succede, contre lequel le jeune Cyrus son cadet fait la guerre.			Ce Philadelphe regna 39. ans.	
3743	Ochus II. succeda à son pere Mnemon, & fit tuer son frere naturel Arsamés qui luy disputoit l'Empire, apres quoy il prit le nom d'Artaxerxés III.	361	3758	Philadelphe estant mort par ses excez d'intemperance apres un regne de 40. ans, laissa son fils *Ptolomée Evergetés* Roy d'Egypte en sa place, qui regna 25. ans, & laissa le Royaume à Philopator son fils, ainsi appellé par antiphrase, parce qu'il haïssoit fort son pere, lequel il tua mesme, selon l'opinion de quelques Auteurs.	246
3666	Ochus ayant regné 23. ans fut tué par Bagoas capitaine de ses gardes, & Egyptien de nation, qui pour se vanger de ce que Ochus avoit tué Apis le Dieu des Egyptiens, fit manger aux chats son corps haché par morceaux, & de ses os en fit des manches de cousteaux pour marquer sa cruauté. Bagoas tua aussi tous ses enfans, hors Arsen le plus jeune qu'il mit sur le throne, & au bout de deux ans le tua encore avec ses enfans.	338	3783	Ptolomée Philopator regna 17. ans en Egypte. Ce fut luy qui tourmenta étrangement les Juifs d'Alexandrie, pour les détourner du culte du vrai Dieu. Plusieurs en effet lui cederent : d'autres se racheterent de ses vexations par argent ; & ceux qui voulurent demeurer fermes dans la Loy de Dieu furent traitez avec la rigueur que l'on peut voir dans le troisiéme livre des Machabées.	221
3668	La maison Royale estant ainsi éteinte, Bagoas établit le Roi Codomanus, qui pour se donner plus d'autorité prit le nom de Darius, contre lequel Alexandre fit la guerre.	336	3800	Ptolomée Philopator étant mort, laissa un fils de 4. ans nommé Ptolomée Epiphanes, qui depuis tourmenta beaucoup les Juifs. Antiochus surnommé le Grand, qui estoit Roy de Syrie, ayant sceu la mort de Ptolomée Philopator Roy d'Egypte, viola l'alliance qu'il luy avoit jurée, & se joignant avec Philippe Roy de Macedoine, ils resolurent ensemble de dépouiller le petit Epiphanes de son Royaume, & de le partager entr'eux. La Judée durant ce temps-là fut dans des vexations continuelles.	204
3670	Alexandre le grand ayant défait ce Darius dernier Roy de Perse, devint Maistre de tout l'Orient : & en 6. années y fit tant de conquestes, que Daniel dans ses visions mysterieuses le compare à un Leopard qui a des aîles.	334			
3681	Alexandre estant mort, ses favoris partagerent entre eux tout son Royaume. Ptolemée devint Roi d'Egypte : & Seleucus regna en Babylone & en Syrie. Les autres ne font rien à l'Histoire Sainte.	323			
3719	Ptolemée n'ayant regné que peu de mois laissa le Royaume d'Egypte à son fils Philadelphe, sous lequel par les soins de Demetrius Phalereus, fut faite cette celebre version Grecque des septante-deux Interpretes.	285	3816	Antiochus surnommé le Grand, Roy de Syrie, ayant esté tué par les Barbares en voulant piller le Temple de Jupiter en Elimaïde, laissa le Royaume à son fils *Seleucus*	188

Ans du Monde.		Ans avant J. Christ.	Ans du Monde.		Ans avant J. Christ.
	Philopator, qui regna 12. ans. Il fut assez pacifique, parce que les grands malheurs d'Antiochus le Grand son pere, en combattant contre les Romains, laisserent son Royaume épuisé. C'est de ce Seleucus qu'il est parlé dans les Machabées, où l'on dit de luy qu'à cause du respect qu'il avoit pour Onias le Grand Prestre, il fournissoit tous les ans ce qu'il falloit pour les sacrifices du Temple.			ptiens, traita en suite la Judée avec d'horribles cruautez, & en emporta tous les tresors.	
			3836	Antiochus l'Illustre Roy de Syrie envoya Apollonius en Judée, qui tua en un jour de Sabbat tous ceux qui s'étoient assemblez pour les Sacrifices Ce fut alors que Judas Machabée se retira luy dixiéme dans le desert, où il aimoit mieux vivre d'herbes que de se souiller des viandes impures que l'on immoloit de toutes parts.	168
3828	C'est sous la fin du regne de ce Seleucus qu'arriva à Jerusalem l'histoire d'Heliodore, lors qu'il voulut piller le Temple.	176	3838	Mathatias benit ses fils en mourant, & Judas Machabée luy succede.	166
3829	Seleucus regnant paisiblement en Syrie, son frere Antiochus surnommé l'Illustre qui avoit esté emmené pour ostage à Rome apres la défaite de son pere Antiochus le Grand, en sortit au bout de 3. ans, & Demetrius fils de Seleucus fut envoyé à sa place. Comme Antiochus revenoit en Syrie, Heliodore qui s'en vouloit faire Roy tua Seleucus. Mais Eumene & Attalus ayant chassé Heliodore, laisserent Antiochus l'Illustre paisible Roy de Syrie.	175	3840	Cette année mourut Antiochus l'Illustre Roy de Syrie, lors qu'il retournoit en desordre de Perse. Son fils Antiochus Eupator luy succeda, & Lysias gouverna son Royaume, qui fit paix avec Judas Machabée : mais elle fut bien-tost rompuë. Ce fut en ce temps qu'Eleazar ayant attaqué un Elephant où il croyoit que le Roy estoit, le tua, & fut accablé du poids de cette beste qui tomba sur luy.	164
3831	Antiochus l'Illustre la premiere année de son regne ôta la Souveraine Sacrificature à Onias qui estoit d'une excellente pieté, & la donna à l'Impie Jason son frere, & l'année suivante il l'osta encore à Jason, & la donna à Menelaus qui estoit aussi son frere, & qui lui en offroit plus d'argent. Deux ans apres, le bruit de la mort d'Antiochus s'estant respandu lors qu'il estoit allé contre l'Egypte, Jason troubla toute Jerusalem. Ce qui fit que Antiochus ayant défait les Egy-	173	3842	Eupator ayant pris Bethsure, va contre Jerusalem, & fait la paix avec les Juifs, mais l'ayant rompuë il fait abattre ses murailles, amene avec luy Menelaus qu'il fit mourir comme le flambeau de toute la guerre, & met Alcime à sa place.	162
			3843	Demetrius Soter fils de Seleucus s'estant échappé de Rome vint à Antioche, fit tuer Antiochus & Lisias; & estant Roy, envoya en Judée Bacchide avec Alcime, auquel il asseura la souveraine Sacrificature. Il y envoya en suite Nicanor, qui fit alliance avec Judas Machabée; mais l'ayant rompuë,	161

Chronologie Sainte.

Ans du Monde		Ans de J. Chrift.	Ans du Monde		Ans avant J. Chrift
	puë, il fut bien-toſt apres tué.			ſes vieilles troupes comme n'en ayant plus beſoin, Tryphon prit cette occaſion pour faire Roy le petit Antiochus ſurnommé le Divin qui eſtoit fils d'Alexandre. Il tâche d'avoir Jonathas pour amy, qui luy rend de grands ſervices. Tryphon voulant en ſuite eſtre Roy luy-meſme au lieu du jeune Antiochus, & craignant Jonathas, le ſurprend & le tuë. Simon eſt élu en ſa place, tant pour commander l'armée que pour eſtre ſouverain Pontife. Il bat ſouvent Tryphon, qui tuë Antiochus ſurnommé le Divin pour eſtre paiſible uſurpateur de ſon Royaume. Ce fut de cette année que l'on commença à compter les années par le Pontificat de Simon.	
	Alcime & Bacchide eſtant revenus une ſeconde fois en Judée, Judas Machabée apres un grand combat eſt tué peu apres avoir fait alliance avec les Romains. Son frere Jonathas fut élu à ſa place general des armées du peuple de Dieu. Bacchide le voulut tuer par ſurpriſe : mais il ne le put. Jean leur frere fut tué par trahiſon.				
3851	Alexandre Balas qu'on croit fils d'Antiochus Eupator eſtant devenu Maiſtre de Ptolemaïde, envoye à Jonathas pour faire alliance avec luy, & l'eſtablit dans la ſouveraine Sacrificature, qui eſtoit demeurée vacante depuis 7. ans par la mort d'Alcime: & ainſi il a eſté premier ſouverain Pontife de la race des Machabées. Demetrius arme contre Alexandre, mais Alexandre le défait, & Demetrius eſt tué.	153			
3856	Demetrius fils aiſné de Demetrius Soter, voulant venger la mort de ſon pere, & poſſeder ſon Royaume, fait d'heureux progrez. Apollonius ſe joint à luy, & Demetrius l'envoye en Judée pour combattre les Juifs qui avoient fait alliance avec Alexandre. Jonathas & Simon combattent pluſieurs fois contre luy.	148	3869	Simon apres avoir gouverné le peuple environ huit ans, fut tué en trahiſon par Ptolomée ſon gendre dans un feſtin, qui envoya des gens pour ſurprendre auſſi Jean ſon fils ſurnommé Hircan. Mais Jean ayant évité ce piege fut établi ſouverain Pontife au lieu de ſon pere. Et c'eſt là que finit l'hiſtoire des Machabées.	135
3860	Demetrius eſtant enfin paiſible Roy de Syrie, tout eſtoit aſſez paiſible dans la Judée. Mais Jonathas attaquant la forterefſe de Jeruſalem, Demettrius le fait venir pour luy rendre compte de cette action. Jonathas fait toûjours continuer le ſiege, & appaiſe Demetrius par ſes grands preſens.	144	3897	*Iean Hircan* ayant adminiſtré la ſouveraine Sacrificature 29. ans, pendant leſquels il fit ouvrir le ſepulchre de David où il prit trois mille talens, mourut, & laiſſa ſa ſouveraine autorité à *Iudas* dit *Ariſtobule*, qui fut le premier qui depuis le retour de la captivité, prit le diadême & la qualité de Roy.	107
			3899	Ariſtobule meurt, & Salomé ſa femme fait régner au lieu de luy *Alexander Iannæus* l'aiſné de ſes freres, qu'il avoit fait mettre en priſon.	105
3861	Demetrius ayant renvoyé	143	3926	Alexander Jannæus meurt. Il avertit en mourant ſa fem-	78

R

Ans du Monde		Ans avant J. Chrit.

Ans du Monde		Ans avant J. Chrit.
	me Alexandra, de se rendre les Pharisiens amis, & par cette adresse elle établit Hircan son fils aisné dans la souveraine Sacrificature. Aristobule le plus jeune vescut en particulier.	
3935	Alexandra estant morte, il y eut de grandes guerres entre Hircan & Aristobule qui chassa son frere aisné, & fut Maistre de la Judée jusqu'à la victoire que Pompée y remporta.	69
3939	Antipas ou Antipater pere d'Herode favorisa le party d'Hircan & le restablit dans son Royaume; mais Pompée qui l'y confirma & qui poursuivit Aristobule estant irrité de ses violences contre son frere, ne voulut pas permettre à Hircan de porter le diadême. Il emmena avec luy à Rome Aristobule avec deux filles & deux fils, l'un nommé Alexandre, l'autre Antigone. Alexandre se sauva en chemin, revint en Judée, où il excita bien des troubles; & Aristobule s'estant sauvé en suite de Rome avec son autre fils Antigone, il revint faire la guerre en Judée; mais il fut fort blessé & presenté en cet estat à Gabinus Prefet de la Syrie qui l'envoya à Rome avec ses enfans que le Senat renvoya en ne retenant en prison que le pere Aristobule.	65
3955	Les guerres civiles de Rome entre Pompée & Cesar porterent Cesar à renvoyer Aristobule en Judée, afin qu'il fist declarer les Juifs pour Cesar contre Pompée. Mais ceux du party de Pompée le firent mourir par poison, & Pompée fit trancher la teste à Alexandre son fils à Antioche. Son autre fils Antigone venant à Rome, y representa le malheur de son	49

pere & de son frere, se plaignant fort d'Hircan & d'Antipater. Mais Antipater gagna tellement l'esprit de Cesar qu'il établit Hircã souverain Pontife, & fit Antipater Gouverneur de la Judée, qui ayant deux fils, Phaselus & Herode âgé alors de 25. ans, fit Phaselus Gouverneur de tout le païs d'auprés de Jerusalem, & Herode Gouverneur de la Galilée.

Ans du Monde		Ans avant J. Chrit.
3958	Herode ayant tué un Juif nommé Ezechias chef d'un party de voleurs qui ravageoit toute la Syrie, il fut cité devant Hircan, auprés duquel il se deffendit avec tant de fermeté & de courage, qu'il fut renvoyé absous.	46
3962	Antipater pere d'Herode estant à table chez Hircan à Jerusalem, fut empoisonné par un nommé Malichus, qu'Herode fit tuer en suite pour venger la mort de son pere. Et Antigone fils d'Aristobule s'estant peu apres jetté tout d'un coup dans la Judée, Herode qui le repoussa fut honoré par Hircan d'une couronne.	42
3964	Pachorus Roy des Parthes estant venu en Judée, deposa Hircan, & establit Antigone fils d'Aristobule pour estre Grand Sacrificateur. Il fit mettre mesme en prison Hircan, & fit tuer Phaselus frere d'Herode. Antigone fit couper les oreilles à Hircan afin qu'il ne pût plus estre Grand Pontife; & tout estant en paix par ce moyen dans la Judée, Pachorus emmena Hircan avec luy. Ce qui fit qu'Herode desesperant de tout alla à Rome faire la cour à Antoineq, ui l'aima; & Herode fit tant par son credit & par la faveur de Cesar, qu'il obtint le nom de Roy; & qu'Antigone fut de-	40

Monde. Ans du		Ans avant J. Chrift.	Ans du Monde.		Ans avant J. Chrift.
	claré ennemy du peuple Romain.			**Chapitre VIII.** *Du septiéme Age du Monde.*	
3966	Ce fut icy la premiere année du regne d'Herode qui alla aussi-tost en Judée faire la guerre à Antigone qu'il defit, & fut proclamé Roy dans Jerusalem. Antigone fut mené captif à Antioche, où il fut tué quelques mois apres. Herode importuné par les prieres de Mariamne sa femme, establit Aristobule son frere âgé de 17. ans souverain Pontife, & le fit un peu apres adroitement noyer lors qu'il se baignoit. Hircan ayant trouvé protection auprés du Roy des Parthes, & voulant retourner en Judée, il y fut tué par Herode à l'âge de 80. ans.	38		CE septiéme Age comme nous avons dit, a commencé à la naissance de Jesus-Christ nostre Sauveur, c'est à dire en l'an 4000. du monde ; & il durera jusqu'à la fin de tous les siecles. C'est proprement l'Age des Chrétiens ; & tout ce qui s'est fait dans le reste du monde n'est presque plus à compter. Il n'y a de considerable que ce qui s'est fait dans l'Eglise, qui est le veritable Royaume de Jesus-Christ, dont les Chrestiens sont les sujets. On pourra voir dans cette table en abregé ce qui s'est passé de plus considerable sous Jesus-Christ, & sous les Apostres.	
3976	Herode va trouver Cesar à Rhodes, qui le confirme dans le Royaume. Il fait à son retour mourir Mariamne sa femme, & un peu apres Alexandra.	28			
3987	Cette année Herode commença à faire rebastir le Temple à Jerusalem.	17		*TABLE ABREGE'E de ce qui s'est fait de plus considerable dans la Iudée sous Iesus-Christ, & sous les Apostres.*	
3993	Herode va à Rome avec ses deux enfans Alexandre & Aristobule, pour les accuser devant Auguste, & les faire mourir. Mais Auguste le reconcilie avec ses enfans.	11	4000	IEsus-Christ naist à Bethléem l'an 37. & dernier du regne d'Herode, & le 40. de celuy d'Auguste. Il est circoncis le 8. jour : il est adoré par les Mages : il est offert au Temple le 40. jour : en suite il est mené en Egypte. Herode fait mourir les Innocens. Il meurt peu apres d'une mort miserable, & Archelaüs regne en sa place.	4
3999	Herode en ayant receu le pouvoir d'Auguste, fait estrangler ses deux enfans Alexandre & Aristobule. Ce fut cette année que l'Empereur Auguste ayant fait un Edict pour faire la décription de tout l'Empire Romain, Joseph alla avec la Sainte Vierge de Galilée à Bethlehem. *Et c'est ici que finit le sixiéme Age du monde.*	5	4001	Joseph retourne d'Egypte apres la mort d'Herode, & demeure en Galilée à Nazareth. Theudas, dont il est parlé dans les Actes, fait de grandes courses dans la Judée :	3

Ans du Monde	Ans avant J. Christ / Ans de J. Christ	Événements	Ans de l'Ere vulgaire	Événements	Ans de Claude / Ans de Neron
		& plusieurs s'élevent dans ce pays qui prennent le nom de Roy, ou de Messie.		converty à la foy par S. Paul, d'où cet Apostre est appellé Paul, au lieu de Saul.	3
4004		Cette année commence l'Ere vulgaire de J. Christ, c'est à dire la maniere dont on use ordinairement pour compter les années depuis Jesus-Christ, quoy qu'il fust né 4. ans pluftost.	43	Saint Pierre escrivit alors sa premiere Epistre, avant que S. Marc allast à Alexandrie.	
8	12	Cette année Jesus-Christ âgé de 12. ans, fut trouvé dans le Temple assis au milieu des Docteurs, qui les escoutoit & les interrogeoit.		On veut sacrifier à Paul & à Barnabé à Lystre, comme à Jupiter & à Mercure; parce que S. Paul avoit guery un homme boiteux dés sa naissance. Saint Marc écrit son Evangile en Grec.	
14	18	Mort d'Auguste à Nole, arrivée le 19. Aoust, l'an 57. de son regne. Tibere regna en sa place.	50	Premier Concile tenu par les Apostres à Jerusalem, touchant la difficulté de la Circoncision, que l'on declare n'estre plus necessaire.	10
28	32	Saint Jean commence cette année à baptiser, l'an 15. du regne de Tibere.	51	Dispute entre S. Paul & S. Barnabé à l'occasion du Disciple Marc.	11
30	34	Jesus-Christ est baptisé par Saint Jean.		Saint Paul est battu de verges à Philippes. La nuit les portes de la prison s'ouvrent lors qu'il prioit avec Silas. Le geolier est converty à la foy.	
33	37 (Années de Tibere)	Jesus-Christ meurt apres avoir celebré avec ses Disciples la Pasque, l'an 19. de l'Empire de Tibere. Cette mesme année apres l'Ascension & la Pentecoste, les sept Diacres sont éleus, & S. Estienne est lapidé. Philippe baptise l'Eunuque.	52	S. Paul convertit à Athenes Denis l'Areopagite: va de là chez Aquile & Priscille, & travaille chez eux.	12 (Ans de Neron)
34		Conversion de Saint Paul. Saint Paul vient d'Arabie, où il demeure trois ans apres sa conversion, & voit S. Pierre à Jerusalem. Les Chrétiens le craignent, ne sçachant pas sa conversion. Mais S. Barnabé l'introduit, & dit ce qui luy estoit arrivé.	56	Saint Luc écrit alors son Evangile. Les Galates se laissent seduire, & S. Paul leur escrit avec force. Les Corinthiens se laissent aller à des schismes. S. Paul leur escrit.	2
37	29 / 23 (De Caligula)				
38	1	Saint Pierre vient à Antioche, & y establit son Siege. Il guerit Enée à Lydde, & ressuscite Tabitha à Joppe. Corneille le Centenier le prie de le venir voir, & il embrasse la Foy. Saint Matthieu escrit son Evangile le premier de tous.	58	Saint Paul va à Corinthe, d'où il escrit l'Epistre aux Romains. Il va à Jerusalem, où il est presque tué par les Juifs. Le Tribun Lysias se saisit de luy. Le lendemain il se deffend devant l'assemblée des Prestres, & il appelle le souverain Pontife Ananie qui l'avoit fait frapper, *Muraille blanchie*. Le Tribun envoye S. Paul à Felix. Felix le retient, & le laisse à son successeur Portius Festus.	4
42	2 (Ans de Claude)	Saint Pierre est délivré de prison. Serge Paul Proconsul est		Festus	

Chronologie Sainte.

Ans de l'Ere vulgaire.		Ans de Neron.		Ans de l'Ere vulgaire.		Ans de Neron.		Ans avant l'Ere commune de Jesus-Christ.
60	Festus ayant oüy S. Paul seul, & depuis en presence du Roy Agrippa & de Berenice, l'envoya à Rome, où il avoit appellé. Le vaisseau se brise prés de Malte où il demeure quelque temps, & enfin il arrive à Rome où l'on luy permet de loger en son particulier, ayant seulement avec luy un garde. Et c'est ici que finit le livre des Actes.	6		67	Epistre un peu avant sa mort. S. Paul fut executé à Rome, ayant la teste coupée. Ce fut cette année que Vespasien fit tant de maux dans la Judée; & ayant esté obligé de la quitter, il y envoya quelque temps apres son fils Tite qui prit Jerusalem, & la ruina l'an 70. de Jesus-Christ.	13	De Domitian.	
61	S. Marc qui le premier a annoncé la Foi à Alexandrie, meurt la 8. année de Neron. Onesiphore cherche long-temps S. Paul à Rome, & le trouve avec une grande joye de cet Apostre.	7		70 94	L'Apostre S. Jean fut banny & envoyé à l'isle de Pathmos, où il escrivit l'Apocalypse, qui marque ce qui doit arriver dans l'Eglise, principalement dans les derniers temps.	14	Ans de Nerva.	
62	Les Philippiens envoyent Epaphrodite à Rome pour porter quelque argent à S. Paul qui leur escrit par la mesme personne. Il escrit de là aussi les trois Epistres aux Colossiens, aux Ephesiens, & aux Hebreux.	8		96	Estant retourné dans l'Isle de Pathmos, toutes les Eglises d'Asie qu'il gouvernoit le prierent d'écrire son Evangile. Ce qu'il fit à l'Age de 92. ans.	t	Ans de Trajan.	
63	S. Paul estant au bout de deux ans sorty libre de Rome, parcourt encore l'Orient & l'Occident. Philemon le reçoit chez luy à Colosse. Ananus fait mourir Saint Jacques, appellé le frere du Seigneur, ou en le faisant lapider, ou en le faisant precipiter du haut du Temple. Simeon fils de Cleophas fut éleu Evesque en sa place.	9		98	Quelque temps apres il écrivit aussi ses trois Epistres.	1		
64	Neron brûle Rome, & en rejette la faute sur les Chrétiens. Ce fut le sujet de la premiere persecution qui fut horrible.	10	Ans du Monde.		CHAPITRE IX. *Du temps que les Prophetes ont vescu.*			
66	S. Paul vient une seconde fois à Rome, & se justifie devant Neron qui le laisse aller libre. Demas l'abandonne. S. Luc seul demeure à Rome avec luy. S. Pierre & S. Paul sont avertis secretement de Dieu que l'heure de leur mort estoit proche. S. Paul écrit la seconde Epistre à Timothée & S. Pierre écrit sa seconde	12			ON sera bien-aise de voir icy le temps ou chacun des Prophetes a vescu. Et sans parler de ceux dont il est fait mention dans le livre des Roys, comme Samuël, Nathan, Gad, Ado, & particulierement Elie & Elisée, dont on peut aisément voir le temps par les Roys sous lesquels ils ont vécu; on se contentera de marquer ceux dont on a les escrits separez, & on en verra tout d'un coup le temps par cette petite Table.			
					TABLE DV TEMPS *auquel ont vescu les Prophetes.*			
				3116	JOnas commença à prophetiser sous Joas pere de Jeroboam II. Roy d'Israël.			838

S

Ans du Monde.		Ans avant l'Ere commune de Jesus-Christ.	Ans du Monde.		Ans avant l'Ere commune de Jesus-Christ.
3194	Ozée sous Ozias, Joathan, Achas & Ezechias Roys de Juda, & Jeroboam Roy d'Israël. Il prophetisa durant un siecle. Joël sous les mesmes Roys qu'Ozée, & durant autant de temps.	810		ties par la delivrance du peuple : il y a apparence neantmoins qu'il mourut en ce païs estranger, sans estre jamais retourné en Judée.	
3217	Amos commença à prophetiser en Israël la 23. année d'Ozias, & prophetisa durant 28. ans.	707	3409	Ezechiel qui estoit de la race des Prestres, & l'un des captifs emmenez avec Jeconias par le Roy Nabuchodonosor commença 5. ans apres à prophetiser en Babylone, & continua durant 22. ans.	595
3219	Isaïe prophetisa en Juda la 25. année d'Ozias, & continua sous Achaz & Ezechias. La tradition des Juifs & des Peres mesme, est que Manassés fils d'Ezechias le fit mourir : de sorte qu'il auroit prophetisé durant tout un siecle.	785	3485	Aggée prophetisa en Judée lors que le peuple fut revenu, & l'accusa d'estre trop lent à restablir le Temple.	519
3246	Abdias prophetisoit en Israël du mesme temps que Isaïe en Juda. Michée fut sous les Roys de Juda Joathan, Achaz & Ezechias, durant plus de 50. ans. Jonas semble en ce temps avoir esté envoyé à Ninive.	758	3550	Zacharie fut de son temps. Malachie fut le dernier des Prophetes, & semble avoir esté du mesme temps que Nehemi vers la fin du regne d'Artaxerxés Longimanus : Ainsi il paroist que le temps des Prophetes à duré plus de 400. ans.	454
3291	Nahum commença à prophetiser apres que les dix Tribus furent emmenées captives, pour consoler tant le peuple qui restoit, que celuy qui avoit esté emmené.	713		Il est remarquable que tous les Sages de Grece, si celebres dans l'Antiquité Payenne ne sont venus que depuis les Prophetes. Pytagore alla mesme en Babylone, où il apprit quantité de choses des Juifs dont il se servit dans sa Philosophie : & Platon qui a aussi mis plusieurs choses des livres de Moyse dans les siens, estoit prés de deux cens ans apres tous ceux-cy. Que si quelqu'un veut voir les preuves de tout ce que l'on allegue dans cet Abregé, qu'il consulte la Chronologie Sainte dont cecy est tiré.	
3375	Jeremie commença à prophetiser en Juda la 13. année de Josias, & y prescha durant 45. ans. Ayant en suite esté emmené en Egypte, il y fut lapidé. Baruch estoit aussi de son temps, & quoy qu'il fut de tres-grande famille, il luy servoit de Secretaire. Sophonias & Habacuc estoient encore du mesme temps.	629			
3398	Daniel commença à prophetiser en Babylone presque enfant sous Nabuchodonosor, & continua jusqu'au temps de Cyrus, c'est à dire environ la 85. année de son âge. Et quoy qu'il eust obtenu par ses prieres l'accomplissement des Prophe-	606		FIN.	

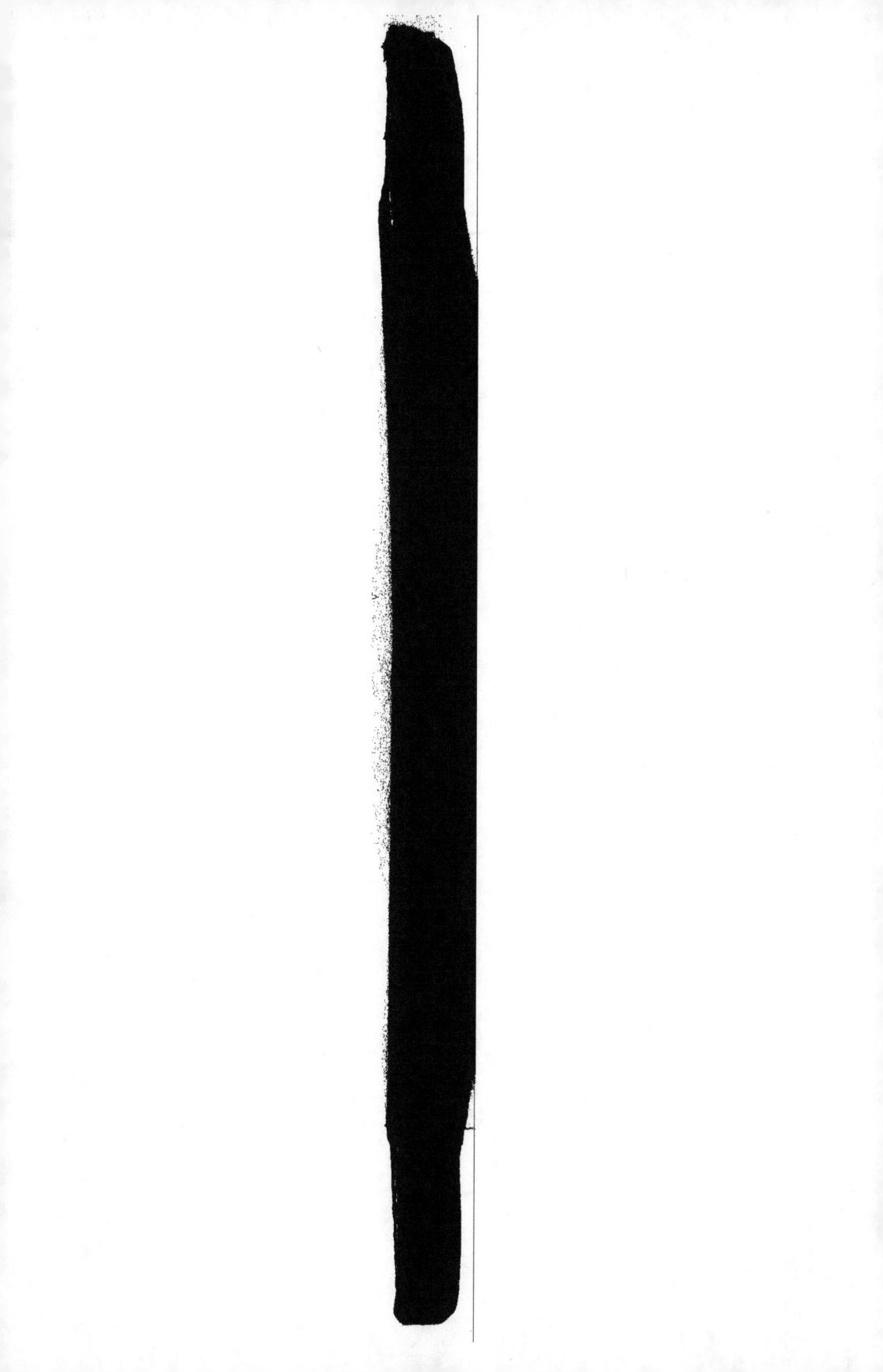

www.ingramcontent.com/pod-product-compliance
Lightning Source LLC
LaVergne TN
LVHW020956090426
835512LV00009B/1931